제자화 DNA

제자화 DNA

지은이 | 로비 갤러티
옮긴이 | 정성묵
초판 발행 | 2020. 5. 13
등록번호 | 제1988-000080호
등록된 곳 | 서울특별시 용산구 서빙고로65길 38
발행처 | 사단법인 두란노서원
영업부 | 2078-3333 FAX | 080-749-3705
출판부 | 2078-3332

책값은 뒤표지에 있습니다.
ISBN 978-89-531-3755-4 03230

독자의 의견을 기다립니다.
tpress@duranno.com   www.duranno.com

두란노서원은 바울 사도가 3차 전도 여행 때 에베소에서 성령 받은 제자들을 따로 세워 하나님의 말씀으로 양육하던
장소입니다. 사도행전 19장 8 - 20절의 정신에 따라 첫째 목회자를 돕는 사역과 평신도를 훈련시키는 사역, 둘째 세
계선교TM와 문서선교단행본·잡지 사역, 셋째 예수문화 및 경배와 찬양 사역, 그리고 가정·상담 사역 등을 감당하고 있습니
다. 1980년 12월 22일에 창립된 두란노서원은 주님 오실 때까지 이 사역들을 계속할 것입니다.

제자화
DNA

로비 갤러티 지음

정성묵 옮김

두란노

이 책을 향한 찬사들

저자는 제자화가 얼마나 힘든 일인지 잘 알고 있다. 이 책은 제자훈련을 위한 실질적인 지혜와 지침으로 가득하다. 이 책을 읽고 나면 다른 사람을 위해 자신의 삶을 쏟는 열정과 확신을 얻게 될 것이다. 이 책을 읽으라. 읽고 나서는 당신이 제자로 키울 사람들을 위해서 몇 권을 더 사라.

　　러셀 무어(Russell D. Moore)_ 남침례회 윤리종교자유위원회 회장, 《폭풍 속의 가정》 저자

그리스도는 크리스천들을 양산하기 위해 이 땅에 오지 않으셨다. 그분은 제자들을 키우기 위해 오셨다. 제자화는 교회의 여러 사역 가운데 하나가 아니다. 제자화는 목회자들만 해야 하는 일이 아니다. 제자화는 교회로서, 크리스천으로서 우리 존재의 본질이다. 저자는 설교하는 대로 사는 목회자다. 그래서 성경적인 전도로 부르는 그의 외침을 무시할 수 없다.

　　J. D. 그리어(Greear)_　서밋교회 담임목사, 《담장을 넘는 크리스천》 저자

저자는 제자를 키우는 일에 열정을 품고 있다. 물론 예수님도 그러셨다. 이 책에서 저자는 중요한 영적 훈련들이 가득 들어 있는 도구 상자를 열어 각 도구를 어떻게 사용해야 하는지 친절하게 설명해 준다. 마음이 맞는 사람들로 소그룹을 꾸려 이 책을 함께 활용하기를 강력히 권한다. 영적 훈련들은 예수님이 우리를 그분처럼 빚어가기 위해 사용하는 도구다. 이 책을 소그룹에서 사용하면 이 훈련들을 시작하고 완성하기에 더없이 좋을 것이다.

　　래리 오스본(Larry Osborne)_ 노스코스트교회 담임목사, 《바벨론에서 그리스도인으로 살기》 저자

4

《제자화 DNA》는 모든 신자와 교회에 꼭 필요한 책이다. 성경적인 제자화를 경험하는 길을 보여 주기 때문이다. 실질적인 검증을 거쳤고 영적으로 풍성하기 때문에 전혀 시간이 아깝지 않은 책이다.

에드 스태저(Ed Stetzer)_ 라이프웨이리서치 대표

제자들의 공동체는 하나님 말씀으로 양육되고, 진리로 성화되고, 배우고, 성장하고, 그리스도를 따르고, 시험과 시련 속에서 혼자가 아닌 신자들이 모이는 곳이다. 이것이 교회의 삶이다. 저자는 자신의 경험을 바탕으로 이러한 삶을 살기 위한 실질적인 방법을 알려 준다. 나는 저자의 강연을 바로 앞에서 듣고 그의 교회에서 열린 제자화에 대한 컨퍼런스에 참여한 적이 있다. 실로 유익한 시간이었다. 그곳에 모인 수많은 사람의 이야기를 듣고 삶을 관찰하며 내 가슴이 터질 듯이 뛰었다. 그들은 '성장하고'(Growing Up) 있었다. 이는 저자가 제자들을 키우는 제자를 양성하는 일에 혼신의 힘을 쏟은 덕분이다.

케이 아더(Kay Arthur)_ 프리셉트미니스트리인터내셔널 공동창립자

힘이 넘치는 책이다! 이 책이 그토록 신선한 것은 저자의 제자화 경험 때문이다. 그는 이론가가 아닌 실천가로서 이 책을 썼다. 무엇보다도 그는 자신의 교회를 제자를 키우는 교회로 만들며 기쁨을 사방에 퍼뜨리고 있다. 그의 교회가 더욱 부흥하기를 기도한다."

로버트 콜먼(Robert E. Coleman)_ 《주님의 전도 계획》 저자

이 책은 단순히 제자화에 대한 수많은 책 가운데 하나가 아니다. 제자화 이론에 대한 책도 아니다. 이 책에서 저자는 효과적인 제자화 사역을 위한 실용적이고 필수적인 요소들을 모두 다루고 있다. 제자화 그룹에 관한 그의 개념은 수많은 교회를 효과적인 제자화로 이끌 것이다. 읽고 따르라. 주 예수 그리스도의 제자들이 기하급수적으로 늘어날 것이다.

제리 바인스(Jerry Vines)_ 잭슨빌 제일침례교회 은퇴목사

'제자로 삼으라'라는 성경의 명령으로 돌아가야 한다는 기독교 리더들의 점점 커져가는 외침에 《제자화 DNA》는 강력한 목소리 하나를 더하고 있다. 제자화를 외치는 이 목소리는 구속과 변화에 대한 저자의 실질적인 경험에서 우러나오고 있다. 그래서 그의 책은 진정성이 있다. 이 책에서 저자는 제자화를 외칠 뿐 아니라 우리에게 제자화를 위한 '보조바퀴'까지 달아 준다. 많은 교인들에게 부족한 것은 제자가 실제 어떤 모습이며 각 교회에서 제자가 어떻게 양성되는지에 대한 실질적인 정보다. 이 책에서 그 정보도 얻을 수 있다. 한마디로 이 책은 제자 양성에 필요한 모든 것을 찾을 수 있다.

　　그레그 옥던(Greg Ogden)_《세상을 잃은 제자도, 세상을 얻는 제자도》 저자

제자화를 향한 저자의 열정과 집중력은 실로 대단하다. 그는 사람들을 제자로 삼으라는 그리스도의 명령을 첫 제자들만큼이나 진지하게 받아들이고 있다. 모든 사람이 예수님의 모든 말씀을 지키도록 가르치겠다는 굳은 결단은 그가 목회하는 교회에서 매일 분명하게 드러나고 있다. 이제 그가 이 책을 통해 이 열정을 더욱 구체화했다. 이 책의 강력한 논리와 실질적인 적용이 정말 마음에 든다. 번식과 증식은 좋고 분명한 가르침의 산물이다. 하나님의 뜻을 따르기 위해 필요한 모든 것이 이 한 책에 고스란히 담겨 있다."

　　빌 헐(Bill Hull)_《제자 삼는 자 예수 그리스도》 저자

살아 있는 모든 것은 성장하고 번식한다. 이 사실은 과학자들과 신학자들이 공히 인정하는 것이다. 그렇다면 왜 그토록 많은 크리스천들이 성장하지 않고 영적으로 번식하지 않는 것일까? 저자는 성장과 번식이 하나로 연결되어 있다고 말한다. 성장하는 사람은 번식하고 번식하는 사람은 성장하게 되어 있다. 이 책은 단순한 책이 아니다. 번식하는 자들을 양성해서 그리스도의 교회를 성장하게 해 주는 야전 교범이다.

　　크리스 애싯(Chris Adsit)_ 디사이플메이커스인터내셔널 대표

당신의 마음을 사정없이 뒤흔들 질문을 하겠다. 도둑질과 마약 판매를 일삼는 약물 중독자가 어떻게 성공한 교회의 목사가 될 수 있을까? 답을 알고 싶다면 이 책을 읽으라. 저자는 예수님을 만났다. 예수님이 은혜로 그의 마음을 완전히 바꾸셨다. 또 그는 데이비드 플랫(David Platt)에게 제자훈련을 받았다! 이 책은 제자화에 관한 책으로 펴서 읽기 시작하면 정신없이 빨려들 것이다!"

더윈 그레이(Derwin L. Gray)_ 트랜스포메이션교회 담임목사

《제자화 DNA》는 제자들을 키우고, 지상명령을 목숨처럼 받드는 사람들의 삶을 변화시키기 위해 필요한 도구들과 성경적인 지혜를 제공한다. 이 책은 이론만 제시하는 것이 아니라 저자와 그가 이끄는 교인들의 삶을 변화시킨 실질적인 과정을 소개한다. 이 책을 소그룹에서 활용하면 강력한 교회를 세우는 데 큰 도움이 될 것이다.

존 앵커버그(John Ankerberg)_〈존 앵커버그 쇼〉진행자

하나님은 그분의 백성을, 제자를 키우는 일로 부르셨다. 따라서 《제자화 DNA》는 이 시대에 반드시 필요한 책이다. 유용하고 실질적이며 도전과 격려가 동시에 되는 책이다.

에릭 게이거(Eric Geiger)_《단순한 교회》저자

내 친구가 제자화에 대한 이 책에 쏟아부은 노력에 깊이 감사한다. 교회 목회를 하면서 가장 큰 난관 중 하나는 성도들을 영적 성숙으로 이끄는 것이다. 이 책이 우리 교회를 주님께로 더 가까이(C.L.O.S.E.R) 이끄는 데 결정적인 역할을 하리라 믿어 의심치 않는다. 이 책은 뉴올리언스의 길거리 인생에서부터 대형 교회의 목사까지 저자의 독특한 인생 여정에서 비롯했기 때문에 모든 종류의 사람에게 큰 도움이 될 것이다.

롭 윌튼(Rob Wilton)_ LA 뉴올리언스 빈티지교회 담임목사

저자는 이 책에서 '복음이 당신에게 온 것은 당신을 통해 다른 누군가에게로 가기 위함이다'라는 사실을 끊임없이 상기시켜 준다. 이 책은 스스로 예수 그리스도의 제자로 살 뿐 아니라 남들을 제자 삼는 제자로 키우는 일에 일생을 바친 사람이 쓴 책이다. 모든 크리스천이 주님의 지상명령을 진지하게 받아들여 사람들을 제자로 삼는 문화를 창출해야 한다. 제자화를 말로 외칠 뿐 아니라 몸으로 실천해온 저자가 이런 문화 창출을 위한 믿을 만한 지침서를 교회에 선물했다. 읽고 마음에 새기며, 남들이 그리스도 안에서 '성장하여' 교회가 맡은 사명을 이어가도록 만들라!"

팀 브리스터(Tim Brister)_ 그레이스침례교회 담임목사

말씀을 듣고 믿은 뒤에도 그 말씀을 통해 계속해서 예수님을 닮아 가도록 성장해가야 한다. 사람들을 성장시키던 저자가 이제 우리에게 그 비결을 공개한다!

조니 헌트(Johnny Hunt)_ 제일침례우드스톡교회 담임목사

이 책은 진짜 신앙생활 속에서 탄생한 제자화에 대한 역작이다. 이 책은 실제 효과가 증명된 제자화 방식을 제시하기에 읽으면 큰 유익이 있다. 이왕이면 읽고 나서 실천까지 하길 바란다!

다니엘 에이컨(Daniel L. Akin)_ 사우스이스턴침례교신학교 총장

이 책은 탁월하다. 제자화 그룹을 이보다 더 잘 설명해 주는 책은 없다. 동성끼리 3~5명이 모이는 제자화 그룹에 참여하면 그리스도를 닮아가면서 놀라운 인생 변화를 경험할 수 있다. 제자화 그룹은 신생 교회에서나 기존 교회에서나 큰 효과를 낼 수 있는 탁월한 제자화 도구다. 어떤 유형의 교회에서든 개인이든 제자화를 현실로 이루어줄 수 있는 책을 만나니 가슴이 마구 뛴다.

바비 해링턴(Bobby Harrington)_《목회, 방향만 바꿨을 뿐인데》공저자

저자가 내 빌립보서 공부 모임 장소에 처음 들어온 순간을 잊을 수 없다. 뉴올리언스의 대학생 몇 명이 작은 아파트 안에 모여 있는데 거구의 그가 걸어 들어왔다. 당시 그는 배움에 목마른 새신자였다. 하나님 말씀을 향한 그의 불같은 사랑과 그리스도를 닮아가려는 열정은 전염성이 강했다. 그 전염성은 지금도 여전하다. 이제 이 책을 통해 그의 열정을 통해 제자화에 관해 그가 배운 것을 배울 수 있게 되어 더없이 기쁘다. 이제 그는 놀라운 사역을 하고 있는 충성스럽고 유능한 목사다. 이제 이 책을 집어 읽는 모든 이가 그에게서 배우고 그와 함께 자랄 수 있다.

토니 메리다(Tony Merida)_《설교다운 설교》 저자, 이마고데이교회 설교목사

그리스도의 제자로서 필시 당신은 사람들을 제자로 삼으라는 명령에 순종하고 싶을 것이다. 이 책에서 저자는 교회 안에서 제자 배가의 문화를 창출하기 위한 효과적인 방식을 보여 준다. '어디서부터 시작해야 할까?' 너무도 많은 사람이 던지는 이 질문에 대한 답이 이 책 안에 있다. 제자 배가의 방법을 찾고 있다면 이 책을 읽으라.

샘 레이너(Sam Rainer)_ 웨스트브레이든턴침례교회 담임목사

26년간 목회를 하다 보니 '제자화'란 단어가 들어간 책은 건너뛰는 편이다. 말할 수 없이 지루하거나 완전히 비실용적인 경우가 대부분이기 때문이다. 그러나 이 책은 신약에서 랍비가 제자의 얼굴을 바라보고 훈련하듯이 예수님도 제자들에게 하셨다는 점을 알려 준다. 이 책은 역사적으로 정확하고 신학적으로 유용하며 교회들에서 즉시 적용할 수 있는 책이다.

클레이턴 킹(Clayton King)_ 크로스로드미니스트리 대표

"그러므로 너희는 가서 모든 민족을 제자로 삼아."

- 마태복음 28장 19절

CONTENTS

Part 3

예수의 명령에 '더 가까이'(C.L.O.S.E.R.) 가게 하는 제자화 DNA

제자화,
이렇게 시작하라

에필로그_ 우리의 손에 영원이 걸려 있다 | 240

하나님의 손에
붙들린 자들

도둑질과 마약 판매를 일삼고 브라질 주짓수(브라질 무술의 하나-편집자주)
운동으로 단련된 키 2미터에 몸무게 130킬로그램이 넘는 약물 중독자가
주일 아침 교회 모임에서 당신의 옆에 선다면 어떻게 할 것인가? 아마도
최대한 빨리 그와 친해지려고 애를 쓸 것이다! 오래전 어느 주일 나는
그렇게 하나님의 섭리로 인해 로비 갤러티(Robby Gallaty)를 만났다.

로비 갤러티를 처음 만난 순간부터 그를 단단히 붙잡고 있는 하나님
의 손이 분명히 느껴졌다. 당시 그는 막 그리스도의 제자가 된 상태였
는데 그리스도를 향한 열정이 더없이 분명할 뿐 아니라 그것이 나에게

전달되었다. 오래지 않아 나는 그에게 세례를 베풀 특권을 얻었다. 그 세례식 자체만 해도 보통 이야깃거리가 아니다. 키 2미터에 몸무게가 130킬로그램이 넘는 거구가 세례를 받는 물웅덩이에서 당신을 향해 성큼성큼 걸어와 넘어지면서 사방에 물이 튀는 모습을 상상해 보라.

매주 나는 갤러티와 중국 음식점에서 만나 점심식사를 했다. 우리는 함께 하나님 말씀을 공부하고 서로를 위해 기도했다. 깐풍기를 앞에 두고 갤러티가 내 말 한마디 한마디를 냅킨에 적는 모습을 지켜보던 기억이 지금도 생생하다. 갤러티는 내 말을 적기만 한 것이 아니라 삶에 적용하고 남들에게도 가르쳤다. 그가 매주 복음을 전하면서 복음에 더 깊이 빠지는 것이 내 눈에 분명히 보였다. 처음부터 그는 예수님의 제자로 성장하는 동시에 예수님의 제자들을 키우는 일에 온 삶을 쏟아부었다.

이것이야말로 기독교의 본질이 아닌가? 갈릴리 바닷가에서 예수님이 네 사람을 처음 부를 때 하신 말씀을 기억하는가. 우리는 예수님의 제자가 되면 또 다른 제자를 키울 수밖에 없다. 그때 예수님은 "나를 따라오라 내가 너희를 사람을 낚는 어부가 되게 하리라"라고 말씀하셨다 (마 4:19). 이것은 그들을 제자 삼는 자들로 변화시켜 주시겠다는 약속이었다. 동시에 이것은 명령이었다. 마태복음의 마지막 부분에서 예수님은 모든 제자에게 가서 열국을 제자로 삼아 세례를 베풀고 그분께 순종하도록 가르치라고 명령하신다 (마 28:19-20). 모든 제자가 제자들을 키우고 그 제자들이 다시 제자들을 키우는 패턴이 온 세상의 복음화가 완성될 때까지 계속되는 것이 처음부터 하나님의 계획이었다.

하지만 안타깝게도 우리는 가서 세례를 베풀고 열국을 가르치라는 이 값비싼 명령을, 와서 세례를 받고 가만히 앉아서 설교를 들으라는 편안한 부르심으로 변질시켰다. 요즘 크리스천들에게 제자가 되는 것 혹은 제자로 삼는 것이 무슨 의미인지 물어보면 횡설수설이나 모호한 답변, 멍한 시선이 돌아올 것이다. 크리스천으로서 우리의 모든 행동과 교회 안에서의 모든 자원 사용을 볼 때 사실상 우리는 그리스도의 명령을 무시하고 있다. 전도는 뜨거운 감자로 전락했고, 제자훈련은 정형화된 프로그램으로 변질되었다. 오늘날 대다수 교회에서는 제자화를 목사와 전문가, 선교사들에게만 위임한 채 나머지는 구경만 하고 있다.

하지만 이래서는 안 된다. 예수님은 우리가 그분의 계획에 참여하도록 초대하셨다. 예수님은 크리스천들이 서로 예수의 사랑을 나누고 말씀을 전하고 세상 모든 사람에게 성경적 삶을 재생산시키면서 그분의 기쁨에 동참하기를 원하신다. 그러려면 우리가 어떻게 해야 할까? 어떻게 해야 제자로서 매일같이, 실질적으로, 열심히, 제자들을 키울 수 있을까?

이 질문이 워낙 중요하기 때문에 지금 당신의 손에 들린 책에 열광하지 않을 수 없다. 이 책에서 스스로 예수님의 제자로서 성장하고 나아가 다른 제자들을 키워내기 위한 성경적이고도 실용적이면서도 쉽고 단순한 출발점을 발견할 수 있기 때문이다. 지금 당신이 들고 있는 것은 단순한 이론이 아니다. 이것은 실험을 거친 실질적인 방법이다. 내가 이렇게 자신 있게 말할 수 있는 것은 그 효과를 두 눈으로 똑똑히 보았기 때문이다. 나는 이 책에서 소개한 방법들을 로비 갤러티와 함께 실험해 보았다. 그와 함께 말씀을 읽고 공부하며, 서로의 옆에 무릎을 꿇고 세상을 위해 눈물 흘리며 기도하고, 뉴올리언스에서 함께 복음을 전하며 삶을 나누던 시간들이 형언할 수 없을 만큼 귀하고 감사하다. 그 후로 갤러티는 제자를 양성하는 두 교회에서 목회를 했다. 그가 현재 목회하는 교회의 교인들은 제자화를 말로만 외치지 않고 열심히 실천하고 있다.

그래서 분명하게 말하고 싶다. 제발 이 책을 읽지만 말고 실천하라. 이 책을 읽기만 한다면 당신이 구원받은 목적을 완전히 놓친 채 썩어빠진 이기적인 기독교에 계속해서 갇혀 있을 수밖에 없다. 크리스천으로서 당신은 제자로 성장하고 다른 제자들을 키우는 일에 일생을 바치도록 창조되었고 부름을 받았다. 이 일은 그 어떤 일보다도 삶을 바칠 가치가 있다. 이 일은 아직 예수님을 따르는 즐거움을 모르는 수십억 명의 운명만큼 중요하다. 이 일은 당신과 나를 위해서도 중요하다. 우리는 언젠가 우리가 따르는 분의 얼굴을 직접 보고 모든 나라와 함께 그분을 찬양하며 영원한 만족을 누릴 때까지 제자를 낳는 제자로 살아가도록 창조되었기 때문이다. 내 친구이자 형제가 쓴 이 책이 그날을 앞당기는 하나님의 도구로 쓰이기를 간절히 기도하고 소망한다.

_ 데이비드 플랫(David Platt)

《래디컬》, 《팔로우 미》 저자

복음이
우리에게 온 이유

복음이 당신에게 온 것은 당신을 통해 다른 누군가에게로 가기 위함이다. 하나님은 당신의 구원을 끝이 아닌 시작으로 계획하셨다. 당신이 도관이 되어 인생들을 변화시키는 영광스러운 복음이 남들에게 흘러가게 되는 것을 비전으로 주셨다. 하나님은 이를 위하여 당신을 구원하셨다. 이를 디모데후서 2장 2절에서 알 수 있다. "네가 많은 증인 앞에서 내게 들은 바를 충성된 사람들에게 부탁하라. 그들이 또 다른 사람들을 가르칠 수 있으리라."

　먼저 당신을 칭찬하면서 이 책을 시작하고 싶다. 당신이 이 책을 집었다는 사실은 많은 것을 말해 주기 때문이다. 무엇보다도, 하나님과의 관계에서 성장하고 싶은 열정이 엿보인다. 당신은 남들을 제자로 삼으라는 마태복음 28장 19절의 명령을 진지하게 받아들이고 있다. 당신은 남들의 삶에 투자함으로 영원한 유산을 남겨야 한다는 의무감을 느끼고 있다. 아울러 당신에게 투자해 줄 누군가를 찾고 있을지도 모르겠다. 이유와 상관없이 당신은 그리스도와 더 깊은 관계로 가는 여행을 시작했다.

《제자화 DNA》는 당신의 삶을 변화시킬 수 있는 책이다. 내가 그렇게 장담할 수 있는 이유는 다음과 같다. 첫째, 이 책은 철저히 하나님 말씀과 성경적인 원칙에 따라 쓰였다. 하나님의 말씀은 조금도 헛되지 않고, 우리에게 믿음을 전해 주고 인생의 변화를 가져다준다고 약속하셨다.

둘째, 이 원칙들은 지난 몇 십 년간 여러 제자화 그룹(discipleship group : D-Group)에서 검증을 거친 것들이다.

셋째, 제자화 관계를 통해 내 인생이 막대한 영향을 받았다. 1장에서 하나님이 마약과 술에 빠진 나를 극적으로 구해 주신 이야기를 풀어놓도록 하겠다.

한 번만
읽을 것인가

이 책은 한 번 읽고서 책장에만 꽂아둘 것이 아니다. 제자들을 키우기 위한 지침서로서 두고두고 활용해야 한다. 밑줄을 긋고, 여백에 메모를 하고, 수시로 꺼내서 보고 묵상하라. 이 책을 공부하는 것은 당신만을 위해서가 아니다. 물론 당신에게도 유익이지만 나중에 당신이 제자로 훈련시킬 사람들에게도 유익이다. 훗날 당신을 통해 흘러나온 복음을 받아들일 사람들을 위해서 이 내용을 배워야 한다.

꼭 메모를 하면서 읽기 바란다. 사람은 들은 것을 20분 내에 40퍼센트를 잊어버리고, 일주일 뒤면 겨우 20퍼센트 정도밖에 머리에 남지 않는다고 한다.[1] 적지 않으면 쉽게 잊어버린다. 그렇게 잊어버리면 어떻게 배운 것을 남들에게 전해 줄 수 있겠는가! 사도들이 하나님의 말씀을 적지 않았다면 지금 어떻게 우리가 그것을 읽을 수 있겠는가.

실용적이고
실천적인 로드맵

제자화에 대하여 강연을 할 때마다 "어디서 시작해야 합니까?" 혹은 "어떻게 시작해야 합니까?"라는 질문을 받는다. 이런 질문에 수백 번도 더 답하고 나서 아예 누구나 따를 수 있는 로드맵을 만들기로 결심했다. 이 책을 읽다 보면 내가 제자화를 위한 철학이나 이론, 필요성에 관해서는 거의 다루지 않고 있다는 사실을 알게 될 것이다. 그것은 그 주제에 관해서 나보다 훨씬 경험이 많은 사람들이 이미 많은 책을 썼기 때문이다(이 책 곳곳에서 그런 참고서들을 언급하고 있다).

제자화를 정의하고 제자화의 목적을 설명하고 구약과 신약에서 찾은 성경적 증거를 제시하는 책이 무수히 많다. 그중 매우 유익한 책이 많다. 하지만 이런 책을 읽고 나도 "그래서 이제 어떻게 해야 하는가?"라는 물음은 여전히 남았던 적이 많다. 아마도 틀림없이 나만 그런 것은 아닐 것이다. 사람들은 무엇을 해야 할지 모르면 아무것도 하지 않기 마련이다.

이 책을 통해 남들에게 구체적으로 어떻게 투자해야 할지를 알게 되리라 믿는다. 이 책은 매우 실용적이어서 쉽게 활용할 수 있다.

제자 삼는
제자들로 자라가다

가끔 이런 질문을 받는다. "브레이너드침례교회와 다른 교회의 결정적인 차이점은 무엇입니까?" 답은 아주 쉽다. 답은 바로 제자화다.

2008년 내가 담임목사로 처음 부임할 때만 해도 브레이너드교회에는 3-5명이 매주 모여 제자 삼는 제자가 되기 위해 노력하는 정식 제자화 모임이 없었다.

그래서 나는 먼저 교역자들부터 시작해서, 매주 3시간씩 진행되는 교역자 모임을 성경 읽기와 암송(2009년에 우리는 디모데후서 전체를 암송했다), 장시간 기도에 집중하는 제자화 모임으로 탈바꿈시켰다. 그러자 거의 하룻밤 사이에 분위기가 몰라보게 달라졌다.

그렇게 1년을 모인 뒤에 교역자들에게 제자화 그룹으로 모일 두세 사람(남성은 남성끼리, 여성은 여성끼리)을 찾으라고 도전했다. 내가 브레이너드교회에서 사역한 두 번째 해에 약 1백 명이 제자화 그룹으로 모인 것으로 추정된다. 2014년에는 1천 명이 넘었다. 제자화 그룹으로 모이는 교인들은 성경공부 소그룹과 교리 교육 프로그램에도 참여하고 있다. 이렇듯 소그룹 활동과 교리 교육은 제자화 그룹원 사이의 관계를 키워 주는 온상이 되고 있다.

"낳고, 제자로 키우고, 파송하라"(Deliver, Disciple, and Deploy)라는 우리 교회의 사명 선언서는 우리 교회의 DNA를 형성하는 데 결정적인 역할을 했다. 교인들은 목회자가 중시하는 것을 중시하게 되어 있다. 목회자가 머릿수나 돈, 건물을 중시하면 교인들은 자연스럽게 이런 것을 중시하고 성공의 척도로 여기게 된다. 하지만 목회자가 제자화 그룹을 통해 관계를 회복시키고 삶을 변화시키며 성도들의 성숙을 중시하면 교인들도 곧 제자화 그룹에 참여하기를 원하게 된다. 마찬가지로 내가 제자화 그룹을 통한 하나님의 역사를 축하하기 시작하자 교인들도 곧 그렇게 되었다.

이 책의
사용법

예수 그리스도의 제자가 되기를 진정으로 원하는가? 그렇다면 조만간 제자화 그룹에 속하게 될 것이다. 그렇다면 어떤 제자화 그룹이 좋은 그룹일까? 예수님은 우리를 위해 제자화의 모델을 보여 주셨다. 예수님은 직접 최초의 제자화 그룹을 조직하고 이끄셨고, 그 그룹은 큰 열매를 맺었다. 그 그룹의 제자들은 복음을 들고 세상 속으로 들어갔고, 결국 그리스도를 위해 목숨을 바쳤다.

건강한 제자화 그룹 안에는 교제와 격려, 책임감(accountability : 각자의 목표를 서로에게 공표하고 나서 함께 정한 시간에 진행 상황을 서로에게 보고하면서 공표한 목표에 대해 서로에게 책임을 지는 것-역주)이 있다. 바로 그런 분위기에서 하나님의 역사가 나타난다. 건강한 제자화 그룹은 세 가지 목적을 갖고 있다. 스스로 그리스도와의 관계에서 자라는 것, 복음을 설득력 있게 제시할 수

25

있게 되는 것, 남들이 그리스도와의 관계에서 자라도록 돕는 것이 그 목적들이다.

그렇다면 어떻게 해야 제자화 그룹에 들어갈 수 있는가? 마땅한 제자화 그룹을 어디서 찾아야 할까? 교회 안에 그런 그룹이 있는지 목사 같은 교회 리더들에게 물어보라. 교회 안에 그런 그룹이 없다면 두세 사람의 신앙 성장을 이끌어 줄 수 있는 성숙한 크리스천을 찾아 제자화 그룹을 만들어 보라. 어쩌면 하나님이 바로 '당신'을 통해 교회 안에서 이 운동을 시작하길 원하시는지도 모른다.

당신이 속한 모임의 신앙이 성장하면 결국 또 다른 모임을 형성하고 이끌 수 있게 될 것이다. 바로 이 책을 통해 그렇게 될 수 있다.

이책의
개요

이 책에서 최대한 많은 유익을 거두기 위해서는 제자화 그룹 내에서 각 장을 검토하는 것이 좋다. 이 책에서 번갈아서 사용되는 다음과 같은 세 가지 동의어 짝을 눈여겨보라.

- 제자 양성, 제자훈련과 제자화
- 멘토와 제자를 키우는 사람
- 멘티와 제자

이 책은 두 부분으로 나누어져 있다. 1-3장은 제자화의 필요성을 역설한다. 4장은 경건한 신자가 되기 위한 훈련을 다룬다. 5-11장을 실천하면 그리스도와 '더 가까이'(CLOSER) 동행하는 데 도움이 될 것이다. 그리스도와 더 가까이 동행하면 다음과 같은 것을 하는 데 도움이 된다.

- 기도로 하나님과 대화한다.
- 하나님 말씀을 배우고 삶에 적용한다.
- 하나님의 명령에 순종한다.
- 하나님 말씀을 가슴에 새긴다.
- 전도한다.
- 날마다 영적으로 새로워진다.

이 중 한 가지만 훈련해도 영적 열정이 몰라보게 자라난다. 더 많은 훈련을 실천할수록 하나님과 더 가까워지고 그리스도를 더 닮아간다. 이 모든 훈련을 하면 폭발적인 영적 성장이 나타난다. 믿음이 생긴 지 얼마 되지 않았든 평생 교회를 다녀왔든 이런 훈련은 신앙생활의 가시적인 열매로 이어진다. 이때 중요한 것은 꾸준함이다. 그리고 꾸준히 하려면 제대로 성장하고 있는지 점검해 줄 사람들이 필요하다. 바로 제자화 그룹에서 그런 책임감 있는 관계를 찾을 수 있다.

발전을 위한
노력

이상적인 제자화 그룹(8장에서 논할 개념)은 매주 3-5명으로 이루어진다.

장소는 별로 중요하지 않다. 누군가의 집도 좋고 식당이나 회사 휴게실, 교회도 좋다. 그 목적을 이루고 열매를 맺으려면 모든 모임은 이 책에서 다루는 제자화에 집중해야만 한다.

제자화 관계를 시작하기 전에는 반드시 멘토와 멘티가 서로에게 기대하는 바에 대하여 충분히 이야기를 나누어야 한다. 서로가 모두 이 관계를 진지하게 받아들이겠다는 제자화 서약에 서명을 해야 한다(부록1을 참고하라). 서약서를 나눠 주면서 매주 모임에 꼭 참석하고 모든 숙제를 반드시 완수할 것을 강조해야 한다. 부록2의 '영적 여정 조사'는 첫 모임의 토론을 위한 틀을 제공해 준다.

전체 제자화 과정은 에필로그와 부록9에 개괄적으로 소개되어 있다. 모든 참여자가 한 번씩은 모임을 인도해야 한다. 그렇게 하지 않으면 나중에 새로운 그룹을 만들어 이끌기 위한 자신감을 얻지 못할 수도 있다.

이 제자화 시스템은 새로운 제자가 또 다시 새로운 제자를 낳는 식으로 계속해서 반복되도록 고안되었다. 예수님은 우리에게 세상 속으로 들어가 "제자로 삼아"라고 명령하셨다(마 28:19). 그리고 이어서 제자를 키우기 위한 방법을 알려 주셨다. "내가 너희에게 분부한 모든 것을 (미래의 제자들에게) 가르쳐 지키게 하라"(마 28:20).

공부하고 성장하는 내내 자신만을 위해서가 아니라 남들을 위해서 배우는 것임을 명심하라. 그런 의미에서, 다시 말하지만 필기를 하라. 그렇게 하지 않으면 배운 것을 남들에게 전해 줄 수 없다.

많은 사람이 타인이 그리스도와 잘 동행하도록 지도하는 기쁨을 간과한다. 그런데 제자로 키우기 위해 가장 중요한 것은 스스로 제자가 되는 일이며, 효과적으로 가르치기 위한 유일한 길은 스스로 평생 배움을 실천하는 것이다. 우리가 예수님이 명령하신 일을 할 때만큼 그분과 가까운 때도 없다. 그분은 무엇보다도 남들을 가르치라고 명령하셨다.

좋다,

이제 어떻게 해야 하는가?

나는 크리스천 삶의 비밀에 대하여 분명히 배웠다. 옛 사람들이 발견하지 못한 숨은 진리를 발견하는 일이 즐겁기는 하지만, 하나님은 이미 그분의 말씀을 통해 영적 성장의 청사진을 분명히 밝혀 주셨다. 이책의 목적은 그 청사진을 설명하고, 당신에게 그 청사진을 따를 마음을 불어넣는 것이다.

지난 몇 십 년간 제자로 훈련을 받고 남들을 훈련시키면서 여섯 가지 훈련(C.L.O.S.E.R)이 영적 성장에 반드시 필요하다는 사실을 발견했다. 이 중요한 훈련들을 부지런히 실천하면 침묵, 고독, 검약, 금식, 예배 같은 더 깊은 훈련으로 가는 도약대가 마련될 수 있다. 이런 훈련을 열심히 실천하면 하나님과 더 깊은 관계로 들어가고 싶은 열정이 싹틀 것이다.

혼자서 하려고

하지 말라

예수님이 직접 뽑으신 열두 명의 제자들은 하나의 공동체였다. 이것이 예수님이 우리를 위해 정해 주신 제자화의 모델이다. 모든 것을 아시는 구주께서는 '그분의 제자가 되는 것이 쉽지 않다'는 사실을 잘 알고 계셨다. 따라서 혼자 하려고 하지 말아야 한다. 그리스도의 제자들과 함께해야 한다. 서로의 격려가 필요하다. 그리고 무엇보다도 서로가 잘하고 있는지 점검해 줄 사람이 필요하다.

나아가, 제자가 되려는 사람에게는 따라야 할 본보기도 필요하다. 먼저 예수 그리스도의 제자가 된 사람이 곁에 있어야 한다. 크리스천 삶이라는 모래 위에 발자국을 남기고 우리로 하여금 그 발자국을 따르도록 이끌어 줄 사람이 필요하다.

바울은 이 점을 분명히 이해하고서 남들을 이끌 책임을 기꺼이 받아들였다. 그가 빌립보교회에 보낸 편지를 보면 알 수 있다. "형제들아 너희는 함께 나를 본받으라 그리고 너희가 우리를 본받은 것처럼 그와 같이 행하는 자들을 눈여겨보라"(빌 3:17).

여기서 "본받다"라는 단어는 모방하다는 뜻이다. 그런데 여기서 바울은 빌립보 교인들이 자신의 복제 인간이 되어야 한다고 말한 것이 아니다. 그는 자신을 따라 예수님을 따르라고 강권하였다. 그는 빌립보 교인들이 예수님의 족적을 따른 자신의 삶과 행동을 모방하기를 원했다. 따라서 그의 궁극적인 목표는 빌립보 교인들이 자신이 아닌 그리스도를 따르는 것이었다. 그는 고린도교회에 보낸 첫 번째 편지에서도 이 점을 분명히 밝혔다. "내가 그리스도를 본받는 자가 된 것 같이 너희는 나를 본받는 자가 되라"(고전 11:1).

크리스천 삶의 성공은 다른 크리스천들과 얼마나 잘 동행하느냐와 밀접한 관계가 있다. "우리를 본받은 것처럼 그와 같이 행하는 자들"(빌 3:17)이란 표현은 완벽한 대형을 이루어 행진하는 병사들을 떠올리게 만든다. 마찬가지로, C. S. 루이스(Lewis)도 예수 그리스도의 교회를 대형을 이루어 나아가는 함대에 비유했다.[2] 제자화의 본질은 한 신자가 다른 신자들을 이끌고서 함께 그리스도를 따라가는 것이다. 공자도 비슷한 개념을 이야기한 적이 있다. "내게 말로 하면 잊어버릴 것이다. 직접 보여주면 기억할지도 모르겠다. 함께해 보면 이해할 것이다."[3]

배운 것을 통하여
삶의 변화를 꿈꾸다

모든 제자화 그룹의 목표는 새로운 진리를 이해하고 기존 원칙과 교훈을 더 깊이 이해하며 그렇게 배운 것을 적용하는 것이다. 매주 모임 안에서 각 장을 읽고 토론하라. 각 장의 수업 계획은 웹사이트 http://replicateministries.org에서 확인할 수 있다.

각 장에 흩어진 질문들은 토론의 출발점이 될 수 있다. 그룹원들이 각 장에서 얻은 교훈을 나누고 질문을 던지도록 격려하라. 세상에 어리석은 질문은 없다. 모든 그룹원이 무엇이든 편안하게 물을 수 있어야 한다. 목표는 새로운 정보를 얻는 것이 아니라 배운 것을 통해 삶이 변화되는 것임을 명심하라. 읽은 것을 통해 늘 도전을 받고 변화되어야 한다.

그 외의

자료들

웹사이트 http://replicateministries.org에서 무수히 많은 동영상과 문서, 도구를 발견할 수 있다. 동영상들을 보면 제자화에 관한 흔한 질문들에 대한 답과 남들에게 어떻게 투자해야 할지를 알 수 있을 것이다. 또 제자를 키우는 사람들의 인터뷰도 실어 놓았다. 동영상은 매주 추가되니 자주 확인하길 바란다. 회보를 구독하면 새로운 행사와 훈련 소식을 계속해서 확인할 수 있다.

목적을 기억하며
제자화의 첫발을 내딛으라

제자화의 목적은 참가자들이 그리스도를 닮게 만드는 것이다. 바울은 로마 교회에 보낸 편지에서 이렇게 말했다. "… 이 세대를 본받지 말고 오직 마음을 새롭게 함으로 변화를 받아…"(롬 12:2).

우리가 어떻게 변화를 받는가? 마음을 새롭게 함으로다. "변화를 받았다"가 아니라 "변화를 받아"라는 현재 시제는 점진적이고도 지속적인 변화를 의미한다. 또 주목할 점은 이 단어가 수동태라는 것이다. 그렇다. 바로 하나님이 변화의 주이시며 변화를 완성시키시는 분이다.

변화가 어떻게 일어나는가? 하나님의 영은 환경과 상황, 그분의 말씀을 사용하여 우리 내면을 변화시키고, 그 변화가 삶의 변화를 낳는다. 그래서 다윗은 이렇게 고백했다. "내가 주께 범죄하지 아니하려

하여 주의 말씀을 내 마음에 두었나이다"(시 119:11). 사도 바울도 비슷한 의미에서 이렇게 말했다. "위의 것을 생각하고 땅의 것을 생각하지 말라"(골 3:2). 먹는 것이 우리 몸의 상태를 결정하듯 생각은 우리 삶의 방향을 결정한다. 따라서 이 책의 모든 장은 하나님의 말씀에 초점을 맞출 것이다.

자, 시작해 보자.

GROWING UP

How To Be a Disciple Who Makes Disciples

나만을 위한 인생에서
예수의 제자로
초대받다

Chapter 1

내 삶 속에서 만난 바울들

무엇이 내 인생을
변화시켰는가

"또 네가 많은 증인 앞에서
내게 들은 바를 충성된 사람들에게 부탁하라.
그들이 또 다른 사람들을 가르칠 수 있으리라"
(딤후 2:2).

집에서 15,000달러를 훔쳤을 때 내 인생은 끝이라고 생각했다. 나는 약에 완전히 중독된 스물다섯 살의 마약 판매상이었다. 경찰이 나를 쫓고 있었다. 풍족했던 내 삶은 갑자기 무너졌다.

그로부터 11년이 지난 지금, 내게는 현숙한 아내와 두 아들이 있다. 감사하게도 지금 나는 나날이 성장하는 교회의 목사로 섬기고 있다. 이 글을 쓰는 지금, 나는 2008년에 부임한 채터누가 소재 브레이너드침례 교회에서 다섯 번째 해를 보내고 있다.

자, 1백만 달러짜리 질문을 하겠다. 어떻게 도둑이요 마약 판매상으로 인생을 허비하던 인간이 겨우 11년이란 짧은 시간에 그토록 몰라보게 변할 수 있었을까? 무엇이 이런 엄청난 변화를 만들어 냈을까?

답은 바로 하나님의 능력과 은혜다. 이 변화는 하나님이 내 삶 속에서 기적적으로 역사해 주신 덕분이다. 하지만 그 외에 인간적인 요소도 있었다. 다시 말해, 나는 기꺼이 귀한 시간을 내어 나를 제자로 훈련시켜 준 신실한 사람들에게 막대한 영향을 받았다.

이들은 바울이 디모데를 믿음 안에서 아들로 부르며 시간과 노력을 투자했던 것처럼 내게 투자해 주었다. 갓 태어난 신자로 허덕이던 나를 이끌어 준 이 이타적인 멘토들의 방식은 디모데후서에 나타난 바울의 모델을 그대로 닮아 있다. 이제부터 내 사연을 자세히 소개하겠다.

내 인생의 처음 25년은 하나님이 한없이 멀게만 보였다. 독실한 천주교 집안에서 태어나, 부모님은 나를 뉴올리언스에 있는 가톨릭 남자 학교인 홀리크로스고등학교(Holy Cross High School)에 보내셨다. 나의 종교 활동은 미사에 참석하는 것뿐이었다. 주일마다 성당에 앉아서 지루한 의식을 끝까지 참아낼 뿐, 실제 삶은 철저히 나 자신의 철학에 따라 살아갔다. 하나님이 내게 무엇을 원하시는가에 대해서는 일말의 관심이 없었다. 그러니 매주 조금도 변화되지 않은 마음으로 성당을 나올 수밖에 없었다.

고등학교를 졸업하면서 탄탄대로를 걸을 수 있는 기회를 맞게 되었다. 그린즈버러 소재 노스캐롤라이나대학(University of North Carolina)에 농구 특기생으로 입학할 수 있게 된 것이다. 하지만 당시 사랑에 빠져 있던 나는 집 근처의 대학에 가라고 조르는 여자 친구의 간청을 이기지 못해 그 기회를 포기하고 말았다.

전화번호부에서 우리 지역에 있는 대학들을 찾다보니 윌리엄캐리대학(William Carey College)이 눈에 들어왔다. 하지만 농구 팀에 지원할 수 있는지 물어보니 선수 선발이 이미 끝났다는 안타까운 대답만 돌아왔다.

나는 궁지에 몰린 열여덟살만 할 수 있는 반응을 보였다. 시험을 보게 해 달라고 감독에게 막무가내로 졸라대기 시작한 것이다. 내가 포기할 것 같지 않자 감독이 백기를 들었고, 나는 실력을 유감없이 보여 주었다. 놀란 스티브 나이트(Steve Knight) 감독은 나의 장학생 입학을 추진해 주었다.

그런데 학기가 시작된 지 불과 2주 뒤, 내가 노스캐롤라이나대학 장학생을 포기하면서까지 사랑했던 여자 친구가 갑자기 결별을 선언했다. 상심과 분노에 휩싸인 내 눈에는 그 상황 속에서 역사하시는 하나님의 손길이 전혀 보이지 않았다. 하지만 당시 하나님은 내가 상상할 수도 없는 영광스러운 삶을 위한 발판을 마련하고 계셨다.

좋은 것처럼 보이지만
좋지 않았던 시절

윌리엄캐리대학에서의 두 번째 학기 동안 내 삶을 향한 하나님 계획의 다음 단계가 펼쳐졌다. 하나님은 한없는 은혜와 사랑 가운데 제레미 브라운(Jeremy Brown)을 내게 보내 주셨다. 브라운은 내게 하나님과의 진정한 관계가 무엇인지에 대하여 계속해서 이야기했다.

당시 나는 들지 않으려고 했지만 브라운이 끈덕지게 전해 준 메시지는 내 마음속으로 슬그머니 들어왔다. 브라운은 내가 부르짖기만 하면 하나님이 나의 지난 모든 죄를 용서해 주실 것이라고 말했다. 하나님께 내 삶을 바치면 그분과의 진정한 관계를 얻을 수 있다고 했다. 7년 뒤,

브라운의 말은 가장 필요한 순간 내 마음속에서 되살아났다.

나는 대학을 졸업하고 두 친구와 함께 컴퓨터 사업을 시작했다. 6개월간 회사에 내 전부를 쏟았지만 결과는 대실패였다. 지치고 절망한 우리는 회사를 해체하고 각자의 길로 갔다.

사업에 실패한 뒤 나는 새로운 분야로 전향했다. 키 2미터에 몸무게 130킬로그램이 넘는 나는 종합격투기의 세계에 빠져들었다. 잔인한 격투 시합들을 구경하고 브라질 주짓수를 훈련하기 시작했다. 그러다 뉴올리언스의 한 클럽에 고용되었고, 거기서 돈을 받고 싸움을 했다. 당시나는 히어로라도 된 듯 어깨에 잔뜩 힘이 들어간 채로 살았다.

인생이 송두리째
바뀌다

1999년 11월 22일, 내가 얼마나 잘못된 길을 걷고 있는지를 깨달았다. 그날 시속 100킬로미터 넘게 달리는 대형 트럭이 차선을 넘어와 내차를 받았고, 그 바람에 내 차는 가드레일을 받았다. 목과 등의 추간판 탈출증(herniated disc)과 등 아랫 부분의 추간판 팽윤(bulging disc)이라는 진단을 받았다. 극심한 통증에 그런 병명 따위는 귀에 들어오지도 않았다. 병원의 처방은 한 다발의 진통제와 신경안정제였다.

처음에는 의사가 지시한 복용량을 철저히 지켰다. 하지만 3개월 만에 진통제에 중독되고 말았다. 약물 남용으로 30일치 약이 떨어져가자참을 수 없는 약물의 욕구를 채우기 위해 옳지 않은 쪽으로 눈을 돌리기시작했다.

나는 질이 좋지 않은 두 지인을 통해 마약 판매라는 큰 돈벌이가 되는 세계에 발을 들여놓았다. 사업 경험도 있던 터라 불법 약물 수입과 판매에서 금세 성공을 거두었다. 헤로인과 코카인, GHB, 마리화나 같은 위험한 약물을 뉴올리언스에 밀수하면서 대부분의 사람들이 꿈에나 그릴 법한 라이프스타일을 즐길 수 있었다.

하룻밤 사이에
세상이 무너지다

하지만 2000년 1월, 내 세상은 무너지기 시작했다. 예전 사업 파트너이자 절친한 친구였던 릭(Rick)이 헤로인 과다 복용으로 팔에 주사기를 꽂은 채로 숨을 거두었다. 그렇게 2000년과 2003년 사이에 술이나 약물로 여덟 명의 친구를 잃었고 여섯 명은 감옥에 들어갔다. 나아가, 이제 경찰은 나를 마약 판매범 용의자로 지목하고 우리 패거리를 감시하기 시작했다.

하룻밤 사이에 모든 것이 변했다. 갑자기 나는 전기와 가스, 수도 요금도 내지 못하는 형편으로 전락했다. 결국 집의 전기와 가스, 수도가 모두 끊겼다. 전화도 끊기기 전까지 요금을 내라는 독촉 전화가 끊기지 않았다. 설상가상으로 나는 하루에 180달러의 약을 소비하지 않으면 견딜 수 없는 지독한 중독자가 되어 있었다.

당시 나는 아버지의 신용카드를 훔쳐 온라인에서 15,000달러의 물건을 산 뒤 전당포에 맡기거나 팔아서 약을 구했다. 이 사실을 알게 된 부모님은 큰 충격에 빠지셨다. 두 분은 내게 집에 돌아올 생각도 하지 말라고 엄포를 놓으셨다. 그런데도 나는 끝내 은행 잔고를 탈탈 털어서 길거리의 마약을 샀다. 이 3개월간의 마약 잔치는 땡전 한 푼 없이 부모님 집의 거실 바닥에 엎드려 도움을 간청하는 신세로 막을 내렸다.

내 다음 기착지는 멕시코 티후아나에 있는 한 재활 센터였다. 그곳에서 나는 몸의 세로토닌과 도파민 수치를 정상화하기 위한 아미노산 주입을 비롯한 열흘간의 집중적인 재활 프로그램에 참여했다. 프로그램을 이수한 뒤에는 앨라배마 주 모빌에 있는 누나의 집으로 들어갔다. 그때부터 상황이 점점 호전되기 시작했다. 심지어 한 헬스클럽에 영업 팀장으로 취직해서 일주일에 5일을 훈련했다. 그런데 어느 날, 200킬로그램이 넘는 역기를 들어 올린다고 무리를 하다가 그만 익숙한 통증이 등을 타고 지나갔다.

급히 뉴올리언스로 날아가 확인해 보니 과거와 동일한 디스크가 망가져서 수술이 시급한 상태였다. 수술 후에는 자동차 사고 때와 똑같이 네 가지 진통제를 한 다발 들고 집으로 돌아왔다. 내 가족에게 그토록 많은 상처와 아픔을 주었던 이 약들이 다시 6개월간 내 삶에 어두운 그림자를 드리웠다. 내 삶이 또 다시 급격히 무너져 내렸다. 다시 밑바닥까지 추락한 뒤에야 나는 모든 약을 중단했고 2주 뒤 제 발로 재활 센터에 재입소했다.

복음 전파에
일생을 바치다

2002년 11월 12일 나는 다시 치료를 받기 시작했다. 첫날 밤, 내가 어떤 짓을 저질렀어도 그리스도는 여전히 나를 사랑하시고 내가 회개와 믿음으로 그분께 부르짖기만 기다리고 계신다는 제레미 브라운의 말이 생각났다. 내 회심은 교회 예배나 부흥회 중에 이루어지지 않았다. 그날 밤 내 방에서 예수님은 나를 만나 주셨다. 나는 죄를 고백하고 내 모든 혼란에서 구해 달라고 외치면서 그분을 영접했다. 모든 것을 십자가 발치에 내려놓자 하나님의 용서가 거대한 파도처럼 나를 휩쓸어가며 정화시켰다. 평생 처음 경험해 보는 깨끗함과 자유에 압도된 나는 그날 밤 바로 하나님께 두 가지 약속을 드렸다. 첫째, 내 삶을 온전히 그분께 바치기로 했다. 둘째, 온 세상을 돌며 내 간증을 남들에게 전하기로 결심했다.

그때부터 24시간 동안 내 방에서 아무도 없이 오직 예수 그리스도와만 시간을 보냈다. 이 영광스러운 경험은 내 영혼 속에 주체할 수 없는 기쁨을 일으켰다. 이튿날 아침, 나는 아버지에게 설교자가 되겠다고 말했다. 그러자 아버지는 내가 신부가 되려는 줄 알고서 내가 독신으로 살게 될지도 모른다는 생각에 걱정스러운 표정을 지으셨다. 이에 의식보다는 남들에게 복음을 전하는 일에 일생을 바치고 싶다고 차분히 설명을 드렸다.

생각하기

그리스도를 영접할 때의 느낌을 기억해 보라.
믿음이 성장하도록 도와주는 사람이 곁에 있었는가?
그런 사람을 찾을 수 있었는가?

―――――

형식적인 종교를

떠나다

형식적인 종교를 떠나 그리스도와의 관계로 나아가는 것이 내게는 극도로 어려운 변화였다. 어릴 때 다니던 성당에서는 성경 읽기나 암송, 즉흥적인 기도를 권장하지 않았다. 그로 인해 내 크리스천 삶은 나아갈 방향을 모른 채 몇 달간 목적 없이 방황했다.

나의 답답함을 눈치 챈 한 친구가 디모데를 훈련시킨 바울과 같은 멘토를 달라고 기도해 볼 것을 권했다. 그 전까지는 성경을 읽어 본 적이 없었기 때문에 바울과 디모데의 관계에 관해서 아는 바가 없었다. 하지만 일단 친구의 말을 믿고 하나님께 도와줄 사람을 보내 달라고 기도하기 시작했다.

나는 뉴올리언스의 에지워터침례교회(Edgewater Baptist Church)에 나갔다. 몇 주 뒤 데이비드 플랫(David Platt)이라는 교역자가 자신이 인도하는 주중 성경공부 및 기도, 신앙 훈련 모임에 나를 초대했다. 그가 모임에 참석할지를 놓고 기도하라고 했을 때 나는 흥분된 목소리로 대답했다. "기도는 진작부터 하고 있었어요. 언제부터 참석하면 되죠?"

하나님이 내 진실한 간구에 응답하여 플랫의 훈련을 받게 해 주신 일이 얼마나 놀라운지 모른다. 그때부터 다섯 달 동안 나는 매주 플랫을 만나 하나님의 영광, 인간의 타락한 본성, 그리스도의 복된 소식에 관해 토론했다. 플랫은 내 사연을 사람들에게 나누라고 계속해서 권유했다. 그 다음 달에 나는 목회자가 되기 위해 뉴올리언스침례신학교(New Orleans Baptist Theological Seminary)에 등록했다. 매주 화요일과 목요일 새벽 6시에 모이는 우리 모임은 다른 신학생 다섯 명까지 함께해 이후 18개월 동안 계속되었다.

그 후 하나님은 감사하게도 내 삶 속에 또 다른 중요한 인물을 보내 주셨다. 그는 니콜스주립대학(Nicholls State University)의 교목인 팀 라플뢰르 (Tim LaFleur)였다. 그는 여름 동안 뉴멕시코 주 글로리에타에서 수백 명의 대학생들이 그리스도의 성숙한 제자로 성장하도록 돕는 사역에 나를 동 역자로 초대했다. 그 3개월 동안 우리는 기독교의 핵심 교리들, 성령의 능력, 봉사를 위해 성도를 온전하게 함, 구원의 확신 같은 문제에 관해 수없이 토론했다. 라플뢰르는 언제나 은혜와 사랑으로 나의 잘못된 신 학을 바로잡아 주었다.

플랫과 라플뢰르 외에도 여러 이타적인 사람들이 나를 제자로 훈련 시키는 일에 동참해 주었다. 돈 윌튼(Don Wilton), 토니 메리다(Tony Merida), 레지 오제이(Reggie Ogea), 래리 오스본(Larry Osborne), 존 윌러비(John Willoughby), 마크 데버(Mark Dever), 빌 헐(Bill Hull), 브라이언트 라이트(Bryant Wright)에게 말 할 수 없이 감사한다. 이 사람들은 내 삶 속의 '바울들'이었다. 그들은 자 신들이 내게 해 준 것을 나도 남들에게 해 주라고 가르치고 강권했다.

생각하기

제자화에 참여해 본 사람들에게 묻고 싶다.
제자화가 어떤 면에서 유익이 되었는가?

————

현실을
제대로 마주하다

내 이야기가 특별해 보이지만 사실은 전혀 그렇지 않다. 우리는 모두 죄에 빠져 있다가 그리스도와의 관계로 나아온 사람들이다. 삶의 배경에 상관없이 '모든 사람'이 제자로 훈련을 받아야 한다. 하나님 말씀에 대한 믿음과 지식이 자라면서 나는 다른 신자들도 기본적인 교리와 원칙, 영적 활동에 관한 개인적인 제자훈련을 받은 일이 매우 적다는 사실을 발견했다.

미국 교회 리서치 프로젝트(American Church Research Project)의 대표 데이비드 올슨(David Olson)은 지난 18년간 교회들을 조사한 결과, 충격적인 사실을 발견했다. 그에 따르면 "1990년에는 주일에 미국인의 20.4퍼센트가 정통 교회에 출석했다. 2000년에는 주일에 미국인의 18.7퍼센트가 정통 교회에 출석했다. 2003년에는 교회 출석률이 17.8퍼센트였다. 현재의 감소 추세가 지속된다면 2050년에는 미국인의 11.7퍼센트가 주일에 교회에 출석할 것이다."[1] 교인 숫자가 올슨의 예측처럼 급락한다면 미국 교회의 미래는 암담하기 짝이 없다.

지상명령을 이루기 위해 목사들을 훈련시키는 콜로라도 주 소재의 T-NET 인터내셔널(T-NET International)은 교회들이 제자들을 양산하고 있는지 확인하기 위해 여러 교단의 35개 교회에 다니는 4천 명 이상의 교인들을 상대로 설문 조사를 벌였다. 이 단체의 공동 창립자인 밥 길리엄(Bob Giliam) 회장은 이렇게 말했다. "이 교회들에는 영적으로 성장하지 않는 교인들이 많다. 설문 조사에 응한 교인들 중 24퍼센트는 신앙적으로 후퇴하는 모습을 보였고, 41퍼센트는 영적 성장이 '멈춰' 있다고 대답했다."[2] 무려 65퍼센트의 영적 삶이 멈춰 있거나 후퇴하고 있다.

이 숫자가 얼마나 심각한지 알겠는가? 교인 10명 중 6명이 자신의 영적 삶이 정체되어 있다고 인정했다. 크리스천 삶이 정체되어 있어야 하는가? '정체'가 그리스도의 제자들에게 어울리는 단어인가? 우리는 1년 전, 아니 한 달 전보다도 예수님께 더 가까워져 있어야 한다.

제자화를 멈춘 교회들

윌로우크릭커뮤니티교회(Willow Creek Community Church) 담임목사 빌 하이벨스(Bill Hybels)는 사람들을 모으고 감화시키고 리드하는 것에 관한 글을 쓴 지 5년 만에 자신의 교회가 제자를 양산하지 못하고 있다고 공개적으로 시인하고 사과했다. 하이벨스는 전문가를 통해 윌로우크릭교회가 열매를 맺고 있는지 평가했고 그 결과는 그의 목회 전반을 돌아보게 하는 '경종'을 울렸다.[3] 하이벨스는 윌로우크릭교회의 실패를 인정하면서 이렇게 좌절감을 표현했다. "우리는 실수를 했다. 우리는 믿음의 선을 넘어 크리스천이 된 사람들에게 '스스로 먹이는 자'가 되어야 한다고 말하고 가르쳤어야 했다. 우리는 교인들에게 주중에 성경을 읽고 스스로 영적 훈련을 열심히 하도록 가르쳤어야 했다."[4]

윌로우크릭교회는 30년간 시설과 프로그램, 교회 선전에 수천만 달러를 사용했지만 제자를 키우는 일에서는 철저히 실패했다. 교인들을 늘리는 데만 자원을 집중시키고 개인적인 신앙 성장을 위한 체계적인 계획을 세우는 일은 소홀히 했다.

목사들에게는 제자화가 얼마나 중요할까? 목사들이 제자화를 우선 순위 목록의 밑바닥에 두고 있음을 보여 주는 조사 결과가 무수히 많다. 대부분의 교회들이 프로그램과 주일예배 경험에 초점을 맞추고 있다. 개인적인 제자화를 위한 구조나 지침을 갖추기는커녕 제자화를 실질적으로 강조하는 교회조차 드물다.

제이슨 맨드릭(Jason Mandryk)은 이 문제를 이렇게 지적했다. "제자화는 오늘날 교회들이 마주하고 있는 가장 큰 난관이다. … 효과적인 성경공부, 크리스천다운 언어 사용에 관한 교육, 진정한 교제, 헌신적인 사역 참여가 절실하다."[5]

교회만의
잘못일까?

그렉 네틀(Greg Nettle)은 크리스천들이 세상에 제대로 영향을 미치지 못하고 있는 현실을 꼬집으면서 이렇게 말했다. "제자화의 부족이 우리가 하려는 다른 모든 일을 방해하고 있다."[6] 그렇다면 이 문제는 누구의 탓인가? 교회만을 탓하는 것은 부당하다. 교회가 제자화를 제대로 못하고 있는 상황을 간과해서는 안 되겠지만, 많은 크리스천들이 하나님과의 관계에서 성장하기 위해 노력하지 않는 것 또한 사실이다.

씨 뿌리는 자의 비유에서 예수님은 하나님의 말씀을 받고도 성장하지 못하고 열매를 맺지 못하는 사람이 많다고 말씀하셨다. 예수님께 철저히 헌신하지 못하고 이 세상을 사랑하면 신자로서의 성장이 제대로 이루어지지 않는다(마 13:3-9, 18-23).

물론 거의 모든 복음주의 교회들이 하나님을 알기 위한 기본적인 열쇠인 성경공부와 기도를 강조한다. 대부분의 교회가 대개 별다른 효과는 거두지 못해도 나름의 성경공부나 제자화 그룹(이 개념은 3장에서 설명할 것이다)을 제공하고 있다.

하지만 요즘 괜찮다는 교회들도 매주 예배에 참석하는 교인들이 그리 많지 않다. 소그룹이나 교리 교육에 열심히 참여하는 교인의 수는 더더욱 적다.

예수님은 제자화에 대해 분명히 말씀하셨다. 그분을 따르는 것은 큰 희생과 결심이 따르는 길이다. 그것은 예수님을 삶의 최우선 순위로 삼는 삶이다. 예수님의 제자가 되는 데는 대가가 따른다. 예수님은 그 대가에 대하여 미리 경고하셨고, 많은 자칭 신자들이 그 대가를 따져본 뒤에 그분을 진정으로 따르기를 포기한다(눅 14:26-33).

생각하기

왜 제자화가 교회의 우선사항이 되지 못하는 것일까?
왜 제자화가 당신의 우선사항이 되지 못하고 있는가?

———

예수가 보여 준
제자화

예수님은 세상을 변화시킬 열두 제자를 키워 점점 더 많은 사역을 그들에게 맡기셨다. 그때 예수님이 처음 도입하신 4단계 과정은 오늘날의 제자화에도 여전히 적용된다.

첫째, 예수님은 제자들이 지켜보는 앞에서 사역을 하셨다. 예수님이 산상수훈을 통해 하나님의 진리를 가르치실 때 제자들은 곁에서 관찰하고 듣고 배웠다(마 5-7). 예수님이 회당에 들어가 다리를 저는 사람을 치유하고 나병환자를 깨끗하게 하고 귀가 먼 사람을 고치실 때 제자들이 곁에서 지켜보았다(막 1장).

둘째, 예수님은 제자들로 하여금 그분의 사역을 돕도록 허락하셨다. 예수님이 얼마 되지 않는 떡과 생선으로 큰 무리를 먹이는 기적을 행하실 때 제자들은 배식과 남은 음식 수거를 맡았다(요 6:1-13).

셋째, 제자들이 사역을 하고 예수님이 그들을 도우셨다. 예수님은 영광스러운 변화 이후에 산에서 내려와 소동의 한복판으로 들어가셨다(막 9장). 가서 보니 제자들이 귀신 들린 소년에게서 귀신을 쫓으려고 안간힘을 쓰지만 뜻대로 되지 않고 있었다. 답답해진 소년의 아버지는 예수님께 다가와 직접 나서 주실 것을 부탁했다. "내가 선생님의 제자들에게 내쫓아달라 하였으나 그들이 능히 하지 못하더이다." 절박해진 그는 그렇게 울부짖었다. 이에 예수님이 직접 귀신을 쫓아내자 소년이 온전해졌다. 나중에 예수님은 무기력했던 제자들을 꾸짖으며 "기도 외에 다른 것으로는 이런 종류가 나갈 수 없느니라"라고 가르쳐 주셨다(막 9:29).

제자화의 마지막 단계는 제자들이 사역하는 동안 예수님이 지켜보시는 것이었다. 예수님은 귀신을 쫓고 복음을 전하라는 지시와 함께 제자들을 세상에 보내셨다. 그렇게 갔다가 돌아온 제자들은 이렇게 보고했다. "예수님이 말씀하신 그대로였습니다. 저희가 귀신을 쫓고 복음을 전하자 하나님이 저희를 통해 기적적으로 역사하셨습니다"(눅 10:1-17).

이것이 예수님이 우리에게 주신 모델이며 오늘날 제자들을 키우기 위한 그분의 계획이다. 이 일은 혼자서 할 수 없고, 혼자서 하려고 시도해서도 안 된다.

생각하기

제자를 키우기 위한 예수님의 4단계 과정에 관해 생각해 보라.
이 전략이 왜 효과적일까?

————

음성을 듣기 원한다면
주께 주파수를 맞추라

제자를 키우기 위해서는 먼저 '스스로' 제자가 되어야 한다. 보통 교회에서 누군가가 예수님을 영접한 직후에 어떤 일이 벌어지는가? 대부분의 목사들은 새로운 신자에게 막연하게 그리스도를 위해서 살고 죄를 거부하고 교회에 열심히 출석하라고 말한다. 그로 인해 새신자들은 어떻게 그리스도를 따라야 할지 전혀 모른 채 예배당 문을 나선다. 안타깝게도 매주 수많은 교회에서 이런 상황이 벌어진다. 하나님과의 친밀한 관계를 갈망하는 진실한 신자들이 그 관계를 어떻게 길러야 할지 전혀 모른 채 머리를 긁적이며 교회 주차장으로 걸어간다.

아이들은 '봄 대청소'란 말만 들으면 기겁을 한다. 부모들은 1년에 한 번씩 토요일 아침 일찍 일어나 창고까지 집안을 싹 뒤집어엎는다. 내가 집안의 대청소를 처음 돕던 날, 고생한 보람이 있었다. 창고에서 잔디 깎는 기계와 자전거들을 꺼내는데 한쪽 구석에 놓인 거대한 검은 상자 하나가 눈에 들어왔다. 낡은 매트리스와 가구 위로 기어 올라가 조심히 그 상자를 꺼내왔다. 그걸 아버지 앞에 가져서 잔뜩 흥분한 목소리로 물었다. "이게 뭐예요?"

아버지는 허리를 구부려 상자 위의 먼지를 닦더니 입가에 미소를 떠올렸다. "이건 내가 너만 할 때 쓰던 라디오란다." 그 말에 나는 신이 났다.

아버지와 나는 창고 대신 그 라디오를 청소하는 데 남은 하루를 보냈다. 그날 밤 온 가족이 두 손을 꼭 모은 채 아버지가 라디오 코드를 콘센트에 꽂는 모습을 지켜보았다. 놀랍게도 라디오는 20년 전과 똑같이 작동했다. 공중을 떠다니는 무선 주파수는 볼 수도 들을 수도 없었지만 중국과 프랑스, 유럽의 방송국에 주파수를 맞추면 방송을 또렷하게 들을 수 있었다.

그날을 생각할 때마다 하나님이 매일 우리에게 말씀하고 계신다는 사실이 다시금 기억난다. 하지만 그분의 음성을 들으려면 그분께 주파수를 맞추어야 한다. 인간관계와 마찬가지로 커뮤니케이션이 하나님과의 친밀한 관계를 위한 기초다. 하지만 많은 신자들이 하나님께 주파수를 맞추는 법을 배우지 못한다. 그래서 그들에게 하나님의 음성을 듣는다는 것이 도무지 감이 잡히질 않는 막연한 개념일 뿐이다.

곱하기 VS
더하기

또한 하나님은 언제나 번식에 초점을 맞추셨다. 실제로 에덴동산에서 하나님이 아담과 하와에게 내리신 첫 명령은 훌륭한 시민이 되라는 것이 아니라 "생육하고 번성"하라는 것이었다(창 1:28). 그렇게 하나님은 첫 인류에게 육체적인 번성을 명령하셨지만 예수님은 신자들에게 영적인 번성을 명령하셨다. 모든 제자화 그룹의 목표는 제자훈련을 받는 멘티가 결국 멘토가 되어 번식하게 만드는 것이다. 즉 제자가 다른 제자들을 키우게 만드는 것이다.

본질적으로 제자화 그룹은 선수가 감독이 되게 만들기 위해 존재한다. 리더들은 그룹을 시작할 때 이 목적을 분명히 전달해야 한다. 처음부터 이 점을 논의하지 않으면 팀원들은 소비자적인 자세와 근시안, 이기적인 태도로 제자훈련에 임할 수밖에 없다. 그리스도가 본을 보여 주신 제자화의 핵심은 자신만을 위해서 배우는 것이 아니다. 우리가 제자로 훈련을 받는 것은 언젠가 우리가 제자로 훈련시킬 사람을 위해서이기도 하다.

지상명령은 팀 노력으로만 이루어질 수 있는 것이다. 목사와 장로, 집사, 교사가 모든 사역을 하는 것이 아니라 일반 성도들도 사역을 위한 훈련을 받아야 한다. 바울은 목사 혼자서 지상명령을 수행하는 것이 아님을 분명히 지적했다.

그가 어떤 사람은 사도로, 어떤 사람은 선지자로, 어떤 사람은 복음 전하는 자로, 어떤 사람은 목사와 교사로 삼으셨으니 이는 성도를 온전하게 하여 봉사의 일을 하게 하며 그리스도의 몸을 세우려 하심이라(엡 4:11-12).

그레그 옥던(Greg Ogden)은 《세상을 잃은 제자도, 세상을 얻는 제자도》 (Transforming Discipleship)에서 1년 동안 매일 한 명씩 전도하는 사람과 1년 동안 단 두 사람에게 집중적으로 투자하는 사람을 비교한 도표로 이 점을 설명했다〈그림1〉. 전도자는 최대한 많은 사람을 구원으로 인도하겠다는 목표로 매일 길거리로 나간다. 반면, 제자를 키우는 사람은 두 사람을 대상으로 1년 동안 집중적인 제자훈련을 한다.

제자를 키우는 사람은 2년 동안 겨우 네 명을 키우면서 거북이걸음을 하는 반면, 바삐 움직이는 전도자는 혼자서 730명을 전도한다. 하지만 시간이 지날수록 판도가 바뀐다. 16년 동안 전도자는 거의 6,000명을 전도하지만, 제자를 키우는 사람은 65,536명에게 영향을 미친다. 그렇게 30년이 지나면 지구상의 모든 사람에게 여러 번 복음을 전하고도 남는다. 목회자 혼자서 사역을 하는 더하기의 전략에서 모든 신자들이 지상명령에 참여하도록 훈련시키는 곱하기의 전략으로 이동해야 한다.

더하기 전도 VS 곱하기 제자화			
해	전도자	제자를 키우는 사람	4명의 제자화 그룹
1	365	2	3
2	730	4	9
3	1,095	8	27
4	1,460	16	81
5	1,825	32	243
6	2,190	64	729
7	2,555	128	2,187
8	2,920	256	6,561
9	3,285	512	19,683
10	3,650	1,024	59,049
11	4,015	2,048	177,147
12	4,380	4,096	531,441
13	4,745	8,192	1,594,323
14	5,110	16,383	4,782,969
15	5,474	32,768	14,348,907
16	5,840	65,536	43,046,721

〈그림1〉[7]

세상에 복음을 전하기 위한 예수님의 계획은 더하기가 아니라 곱하기다. 그리고 바로 곱하기가 제자화 그룹의 목적이다. 그리스도의 몸이 이 계획을 받아들이고 따르면 지상명령이 반드시 이루어질 것이다.

반얀 나무 아래서는
아무것도 자라지 않는다

반얀 나무는 거대한 가지들을 지탱하기 위해 2차 줄기를 뻗는 거대한 나무다. 다 자란 반얀 나무는 거의 천 평을 뒤덮는다. 반얀 나무는 많은 동물에게 그늘과 쉼터를 제공하지만 그 아래서는 아무 식물도 자랄 수 없다. 다시 말해, 반얀 나무 아래의 땅을 불모지라고 할 수 있다.

바나나 나무는 정반대다. 6개월 만에 작은 싹들이 땅에서 솟아난다. 그리고 6개월 뒤 다른 싹들이 솟아나, 6개월이 된 기존의 싹들과 합류한다. 약 18개월 뒤에는 나무의 줄기에서 바나나들이 열리고, 다른 많은 생명체들이 그 열매에서 유익을 얻는다. 이렇게 싹이 돋고 열매를 맺고 싹이 죽는 순환이 6개월마다 반복된다. 그 결과, 방대한 바나나 나무숲이 탄생한다.

이 두 나무의 차이는 제자화의 중요성을 비유적으로 보여 준다. 미츠오 후쿠다(Mitsuo Fukuda)는 이렇게 설명한다. "반얀 스타일의 리더들은 사역을 크게 키우지만 리더가 아닌 추종자만을 양산하기 때문에 후계자를 찾기 힘들다. 추종자는 상대적으로 짧은 시간에 키울 수 있고, 그 자체로도 나름의 성과라고 할 수 있다. 하지만 리더가 가고 나면 지시한 대로만 할 줄 아는 매우 의존적인 사람들만 남는다."[8]

제자화는 싹을 틔우는 것이다. 새로운 싹들은 바나나 나무에 위협이 되는 것이 아니라 오히려 더 성장을 낳는다. 제자화 그룹의 목표는 멘티가 멘토가 되고 선수가 감독이 되는 것이다. 그렇게 되지 않으면 그룹은 소그룹 성경공부 모임 이상으로 발전할 수 없다.

생각하기

당신은 어떤 사역 스타일을 채택해 왔는가?
당신은 사역을 소비하고 있는가? 아니면 사역을 창출하고 있는가?

———————

암송하기

마태복음 28장 18-20절

———————

GROWING UP

How To Be a Disciple Who Makes Disciples

○

Part

2

살아있는 모든 것은
성장하고
번식한다

Chapter 2

제자화의 필연성

제자화,
성숙한 후에 하는 것이다?

"그러므로 너희는 가서 모든 민족을 제자로 삼아
아버지와 아들과 성령의 이름으로 세례를 베풀고
내가 너희에게 분부한 모든 것을 가르쳐 지키게 하라.
볼지어다. 내가 세상 끝날까지 너희와 항상 함께 있으리라 하시니라"
(마 28:19-20).

어느 날 친구로부터 자신의 집으로 빨리 오라는 전화가 온다고 해 보자. 당신이 도착하기 무섭게 친구가 흥분한 목소리로 말한다. "자네한테 수백만 명의 생명을 살리고 역사를 뒤바꿀 정보를 알려 주겠네. 조건은 하나뿐이네. 이 정보를 온 세상에 알리게."

당신이 맹세를 하자 친구가 암 치료법을 알려 준다. 이 놀라운 소식을 어떻게 전하겠는가? 나라면 당장 신문사와 방송국마다 전화를 걸이 이 소식을 알릴 것이다. 라디오와 텔레비전 방송 출연이 내 일정표를 가득 채울 것이다. 페이스북과 트위터를 통해서도 열심히 이 소식을 전할 것이다.

2천 년 전, 우주의 창조주가 인류를 구속하기 위해 인간의 육신을 입고 이 땅에 내려오셨다. 그분은 암이나 에이즈 같은 생명을 위협하는 질병의 치료제를 들고 오시지 않았다. 그분은 우리의 가장 큰 문제에 대한 치료제를 갖고 오셨다. 그 치료제는 바로 죄라는 영혼을 위협하는 질병을 치유하기 위한 십자가 희생이었다.

하나님은 이 가장 위대한 소식을 어떻게 세상에 퍼뜨리셨을까? 그분은 원한다면 이 소식을 구름 위에 쓰거나 하늘 위에서 선포하실 수도 있었다. 초자연적인 능력을 동원하여 이 중요한 소식을 단번에 세상 모든 사람에게 전하실 수도 있었다. 하지만 그분은 그렇게 하시지 않았다.

무한한 지혜를 지니신 예수님은 구속의 메시지를 열두 명의 평범한 사람들에게 맡기셨다. 예수님은 복음 전파의 사명을 직접 훈련시킨 제자들의 손에 맡기기로 선택하셨다. 예수님의 마지막 말씀은 이 제자들의 삶에서 최우선사항이 되었다. 마태복음 28장 18절에서 예수님은 천지에 대한 절대적인 권위를 선포하셨다. 그리고 나서 제자들에게 이렇게 명령하셨다. "그러므로 너희는 가서 모든 민족을 제자로 삼아 아버지와 아들과 성령의 이름으로 세례를 베풀고"(마 28:19).

이 말씀의 무게를 느끼라. 예수님을 따르기로 결심한 사람들에게 이 말씀은 제안이나 선택사항이 아니다. 예수님은 모든 방언과 족속과 나라의 모든 신자에게 이 명령을 내리셨다. "가서 제자로 삼으라."

이 엄숙한 명령은 흔히 '지상명령'으로 불린다. *Gospel Centered Discipleship*(복음 중심의 제자도)의 저자 조나단 도드슨(Jonathan Dodson)은 이 명령을 '복음 명령'으로 부르면서 이 명령의 세 가지 측면을 강조했다.

- "가라" - 선교적(선교사) 측면. 모든 신자는 남들에게 복음을 전해 주

는 일에 참여해야 한다.

- "세례를 베풀라" - 관계적(가족) 측면. 모든 신자는 그리스도를 믿은 모든 사람에게 세례라는 상징적 행위를 통해 그리스도 및 그분 백성들과의 관계를 선언하도록 가르쳐야 한다.
- "가르치라" - 이론적(배우는 사람) 측면. 모든 신자는 남들에게 예수님과 그분을 따르는 법에 관해 가르쳐야 한다.[1]

가고, 세례를 베풀고, 가르치는 것이 제자를 키우기 위한 예수님의 방식이다. 이 단어들을 당신의 의자를 지탱해 주는 다리들로 생각하라. 이것들이 없으면 불안정하다. 이것들이 있으면 안정되게 앉아 있을 수 있다.

지상명령을 온전히 수행하려면 이 구절의 중요한 단어 하나를 이해해야만 한다. KJV성경은 "제자로 삼다"에 해당하는 헬라어를 '가르치다'로 번역한다. 따라서 마태복음 28장 19절에 대한 KJV 성경의 번역은 "그러므로 너희는 가서 모든 민족을 가르쳐…"다.

그런데 많은 신자들이 이 단어를 읽고 남들에게 단순히 구원에 관해서 '가르치기'만 한다. 남들에게 복음을 전하고 그리스도를 영접하도록 인도하는 데서 멈춘다. 물론 이것도 훌륭한 일이지만 충분하지는 않다. 예수 그리스도의 제자들을 키우기 위해서는 더 많은 것이 필요하다. 가르치는 것은 예수님 명령의 한 측면일 뿐이다. 제자들을 키우려면 새로운 신자들을 훈련시키고 그들의 삶에 투자를 해야 한다.

그렇다면 제자화란 무엇인가? 그리스도의 충성스러운 제자들을 복제하기 위해 성령의 능력을 의지하는 책임성 관계를 통해 하나님의 말씀으로 신자들을 집중적으로 훈련시키는 것이라고 말할 수 있다. 제자가 되어가는 사람들은 예수님이 말씀하신 것을 배우고 예수님이 행하신 대로 행하기 시작한다(마 28:19).

생각하기

지상명령의 세 가지 측면은 무엇인가?
당신은 이 모두에 참여하고 있는가?

――――――

예수의
제자가 되라

예수님과 그분의 제자들에게는 제자를 키우는 일이 최우선 사항이었다. 따라서 지금 우리도 그러해야 한다. 지상명령을 누구보다도 열심히 수행 중인 빌 헐(Bill Hull)은 지난 20년간 제자화의 필요성을 외쳤다. 그는 "제자가 무엇이며 무엇을 하는지가 교회의 최우선 사항이다"라고 말한다.[2] 또한 그는 많은 교회가 "제자라는 단어를 명확히 정의하지도 않고 아무렇게나 남발"한다고 지적한다.[3]

아마도 요즘 신자들이 가장 흔히 사용하는 단어는 '크리스천' 혹은 '그리스도인'일 것이다. 그런데 이 표현이 성경에 몇 번이나 등장하는지 아는가? 겨우 세 번이다(행 11:26, 행 26:28; 벧전 4:16). 이 표현의 유례를 보여 주는 사도행전의 두 구절 모두에서 이 표현은 경멸적으로 사용되고 있다. 그리스도를 경멸한 사람들이 그분의 제자들에 대한 역겨움을 담아 '그리스도인'이라고 불렀다. 이 표현이 긍정적인 의미로 사용된 것은 그리스도의 승천 이후 수년이 지나서다.

반면 '제자'란 단어는 신약에서 269번이 등장하며, 그중 238번이 사복음서에서 나타난다(그 어원은 신약에서 281번, 사복음서에서만 250번이 등장한다). 이 점이 왜 그토록 중요할까?

그것은 그리스도가 '크리스천들'을 양산하기 위해 이 땅에 오시지 않았기 때문이다. 그리스도는 '제자들'을 키우는 일을 위해 오셨다. 예수님은 이 땅을 떠나 하늘로 돌아가시기 직전, 우리(제자들)에게 그분이 계시지 않는 동안 그 일을 하라고 명령하셨다. 하지만 남들을 제자로 삼으려면 먼저 자신이 제자가 되어야 한다.

제자가 된다는 것은 무슨 의미인가? 기본적으로 제자는 배우는 사람이다. 성장하고 발전하기 위해 노력하는 사람이다. 인생의 거의 모든 영역에서 우리는 먼저 특정 기술을 터득한 사람에게 그 기술을 배운다. 예를 들어, 전기 자격증은 더 경험이 많은 전기 기사 밑에서 오랫동안 훈련을 받은 뒤에만 취득할 수 있다. 의대를 나오면 경험 많은 의사 밑에서 레지던트로 수년간 수련해야 한다.

정신과 의사가 지그문트 프로이트(Sigmund Freud)의 가르침에 따라 의술을 펼치면 프로이트의 제자라고 할 수 있다. 음악가가 윈튼 마살리스(Wynton Marsalis)와 같은 스타일로 재즈를 연주하면 마살리스의 제자로 불릴 수 있다. 이렇게 다른 사람의 전문성과 경험을 통해 직접적으로 배우는 것이 예수님이 '제자'라는 단어를 사용하실 때 머릿속에 그리신 그림이다.

제자와 크리스천은 어떤 차이가 있는가?
당신은 스스로 제자라고 생각하는가?

제자, 제자화, …

혼란스러운 단어들

그런데 제자화를 말하는 사람들이 다 그것을 제대로 실천하는 것은 아니다. 그 원인 중 하나는 제자란 단어에 대한 오해다. 보이드 루터 주니어(Boyd Luter, Jr.)는 '제자화'의 의미에 대해 많은 사람이 가진 오해를 지적했다. "많은 기독교 사역자들이 제자화를, 지교회들과는 별개로 해야 할 활동, 교회의 주된 목적과 별로 상관이 없는 활동으로 여긴다."[4]

교회는 교회대로 제자화를 제대로 이해하지 못하고 있다. 많은 교회가 제자화를 교회에서 제공하는 것들 중 하나로만 보고 있다. 하지만 제자화 혹은 제자 양성은 교회 안에서만 이루어져서는 안 된다. 제자화는 교회와 일터, 이웃 사람들과의 만남을 비롯한 일상 속의 의미 있는 관계들 속에서 자연스럽게 이루어져야 한다. 마이크 브린(Mike Breen)과 스티브 코크램(Steve Cockram)은 *Building a Discipling Culture*(제자 양성의 문화를 구축하라)에서 이렇게 말했다. "제자를 키우면 교회는 언제라도 세울 수 있다. 하지만 교회부터 세우면 좀처럼 제자를 얻을 수 없다."[5]

제자 양성이 잘 이루어지지 않는 또 다른 이유는 세속 문화의 영향이다. 우리는 건물 크기, 출석 숫자, 예산 규모로 교회의 성공을 평가하는 함정에 빠지기 쉽다. 하지만 이런 태도는 심각한 문제점을 안고 있다. 예수님은 이런 기준으로 사역의 성패를 평가하신 적이 없다. 예수님은 이 땅에서 사역하는 동안 아무것도 소유하지 않으셨다. 예수님의 '교인들'을 위한 정규 집회 장소는커녕 자신의 머리를 둘 만한 곳조차 없었다(눅 9:58).

나아가 예수님은 단순히 머릿수를 늘리기 위해서 많은 군중을 끌어모으려고 하지 않으셨다. 예수님은 많은 무리에게 말씀하셨지만 틈만 나면 열두 명과 함께 한적한 곳으로 가셨다.[6] 사도행전 1장을 보면 예수님이 하늘에 오르신 뒤 겨우 120명만 모여 하나님께 성령의 능력을 달라고 기도했다. 이 사실은 성장에 관한 현대 교회들의 척도와 상충한다. 예수님은 유례없는 권위로 말씀하셨다. 죽은 자도 살리셨고 눈먼 자를 보게 하셨으며 아픈 자를 치유하셨다.

그런데 이토록 놀라운 역사 끝에 교회는 겨우 120명으로 성장했다. 예수님의 기적적인 역사를 폄하하기 위해 이런 말을 하는 것이 아니다. 단지 예수님이 넓기만 하고 깊이는 얕은 성장에 전혀 관심이 없으셨다는 점을 지적하고 싶다. 예수님은 양적 성장보다는 더 많은 제자를 낳을 수 있는 성숙하고 충성스러운 제자들을 키우는 일에 집중하셨다.

마지막으로, 예수님은 재정에 관심을 쏟지 않으셨다. 물론 예수님은 돈에 대하여 천국과 지옥을 합한 것보다 더 많은 말씀을 하셨다. 하지만 돈을 의지하신 적은 없다. 예수님이 사역 자금을 누구에게 맡기셨는지 생각해 보라. 고작 은 30냥에 자신을 배신할 가룟 유다에게 맡기셨다.

위에서 확인했듯이 예수님은 건물이나 머릿수, 돈이 아닌 다른 것으로 성공을 평가하셨다.[7] 예수님은 제자 양성이 중요하다고 가르치셨고,

이는 시간을 요하는 긴 과정이다. 제자는 전자레인지에서 몇 분만 돌리면 뚝딱 완성되는 요리와 다르다.

안타깝게도, 누군가에게 제자훈련을 받지 못한 사람이 너무도 많다. 이번에도 마이크 브린의 말을 들어보자. "어릴 적부터 쭉 교회를 다녀왔는가? 심지어 신학교까지 다녔는가? 교회 혹은 소그룹이나 성경공부 모임을 이끌고 있는가? 지난 50년간 나온 기독교 필독서를 빠짐없이 읽었는가? 축하한다! 당신은 탁월한 정보적 기초를 갖추고 있다. 하지만 성경에서 말하는 방식의 제자훈련을 받지 않았다면 여전히 알맹이가 빠진 상태다."[8]

교회에서 신자들이 제자훈련을 받아본 적이 없어서 제자훈련을 경시하는 것은 아닐까? 자신이 한 번도 가보지 않은 길로 누군가를 인도해 가는 것은 어렵다. 아니, 불가능에 가깝다. 그리스도를 따르는 삶에 관해서 자신이 배운 것을 당신에게 나눠 줄 수 있는 사람이 있는가? 그 사람을 찾아가 당신의 삶에 투자해 달라고 부탁하라.

생각하기

교회의 성공을 어떤 척도로 평가해 왔는가?

———

제자 삼는
제자를 키우다

당신이 오순절에 베드로가 성령을 받아 설교하고 그 복음에 3천 명이 반응했던 예루살렘의 현장에 있었다고 상상해 보라. 당신이 사도 중 한 명이라면 이제 무엇을 하겠는가? 머릿수를 세겠는가? 3천 명 모두에게 등록카드를 나눠 주어 채우게 하겠는가? 그 숫자를 교단 본부에 보고하겠는가?

실제 열두 사도들은 그렇게 하지 않았다. 그들의 초점은 단 하나였다. 바로, 제자 삼는 제자들을 키우는 것. 그들은 곧바로 그 3천 명 모두를 제자로 삼을 계획을 짰다. 그들의 목표는 그 3천 명의 새신자들을 예수님의 헌신된 제자로 키워, 다시 그들이 또 다른 제자들을 키워내게 하는 것이었다.

바울도 자신의 영적 디모데에게 보낸 마지막 편지에서 똑같은 로드맵을 그렸다. "내 아들아 그러므로 너는 그리스도 예수 안에 있는 은혜 가운데서 강하고 또 네가 많은 증인 앞에서 내게 들은 바를 충성된 사람들에게 부탁하라 그들이 또 다른 사람들을 가르칠 수 있으리라"(딤후 2:1-2).

이 한 구절은 네 세대에 걸친 제자화를 기술하고 있다. 바울은 디모데를 제자로 키웠고, 디모데는 충성된 사람들을 키웠으며, 이 충성된 사람들은 다시 다른 제자들을 키웠다(예수님이 바울에게 투자하신 것까지 치면 다섯 세대가 된다). 빌리 그레이엄(Billy Graham)은 이 구절이 제자에 관한 자신의 관점에 그 어떤 구절보다도 많은 영향을 끼쳤다고 말했다. 그의 말을 들어보자.

네비게이토선교회의 창립자 도슨 트로트맨(Dawson Trotman)이 내게 가장 먼저 암송하라고 한 구절 가운데 하나는 디모데후서 2장 2절이었다. 트로트맨은 이렇게 말했다. "이것은 복음을 전하고 교회를 확장하기 위한 수학 공식과도 같다. 바울은 디모데를 가르쳤고, 디모데는 자신이 아는 것을 충성된 사람들에게 가르쳤다. 이 충성된 사람들도 남들에게 똑같이 해야 했다. 이 과정이 계속된다. 모든 신자가 이 패턴을 따른다면 교회는 한 세대 만에 온 세상을 전도할 수 있다." 교회가 이 패턴을 따르면 한 세대 만에 온 세상을 전도할 수 있다. 내가 평생을 바쳐온 대규모 크루세이드(Crusade)는 지상명령을 완수할 수 없다. 오직 일대일 관계를 통해서만 할 수 있다.[9]

많은 크리스천들이 하나님의 가족으로 다시 태어난 뒤에 버려진다. 누구도 그들이 자라도록 돕지 않는다. 누구도 그들에게 성경 읽기, 기도, 성경 암송, 묵상, 전도, 남들에게 사랑을 보여 주는 일 같은 크리스천 삶의 기본기를 가르치고 훈련시켜 주지 않는다. 많은 교회가 주일 설교단에서만 제자가 되라고 말로만 외칠 뿐이다.

설교가 제자를 만들어 내는가

안타깝게도 설교만으로는 제자를 키울 수 없다. 오래전 제자 양성에 온 힘을 쏟고 있는 마스터라이프(Masterlife)의 창립자 에이버리 윌리스(Avery Willis)에게 이메일을 보내 제자화에서 설교의 역할에 관해 물은 적이 있다. 그때 윌리스는 이렇게 말했다. "설교를 통해 제자화가 제대로 이루어질지 잘 모르겠네요. 설교로 정보와 감정은 전달해줄 수 있겠지만 제자화는 관계적인 면이 강합니다. 일대일 관계를 통해 이루어져야 하죠. … 제자화를 위해 설교하는 것은 우는 아기에게 분무기로 우유를 뿌려 놓고서 아기를 먹였다고 말하는 것과도 같습니다." 그는 계속해서 말했다. "설교를 반대하는 건 아닙니다. 저도 항상 설교를 하는 걸요. 하지만 예수님은 열두 명을 선택하여 함께 살고 진리를 설명하고 임무를 주고 사후에 보고를 들으셨죠. … 그들을 자신을 닮게 빚어가기 위해서 말입니다. 물론 예수님의 설교가 진리를 전하는 데 도움이 되었죠. 하지만 예수님의 설교는 언제나 '제자훈련'으로까지 이어졌습니다."[10]

오해하지는 말라. 설교의 중요성을 폄하하려는 뜻은 추호도 없다. 나는 평생 설교자로 살 생각이다. 하지만 제자화는 설교하고 그 설교를 듣는 것 이상의 것을 필요로 한다. 제자화는 열매 맺는 삶을 낳는 친밀하고 성경적인 관계를 필요로 한다.

피터 애덤(Peter Adam)은 신약에서 설교에 관한 내용을 조사하고 위대한 설교자들의 방식을 관찰하고 오늘날의 목회 실태를 살핀 끝에 나와 똑같은 결론에 도달했다. "설교가 … 말씀 사역의 하나이긴 하지만 성경과 당시 교회의 삶을 보면 그 외에도 다른 많은 형태를 발견할 수 있다. 이 점을 분명히 이해하는 것이 정말 중요하다. 그렇지 않으면 설교에 너무 많은 것을 바라게 된다. 즉 설교가 성경에서 말하는 모든 형태의 말씀 사역을 해 주리라 기대하게 된다."[11]

제자화의 책임은
누구의 몫인가

어느 날 아침 아내에게서 점심을 같이 먹지 않겠냐는 전화가 걸려왔다. 스케줄을 확인하는데 한 동료가 들어와 시급한 문제에 대한 조언을 구했다. 거기에 정신이 팔린 나는 무심코 "좋아요, 어디서 먹을까요?"라고 대답했다. 아내가 식당 이름을 말하는 순간, 동료가 뭔가를 물었다. 내가 아내에게 한 마지막 말은 "10분 뒤에 봐요"였다.

잠시 뒤 식당 주차장에 차를 댔는데 아무리 봐도 아내의 차가 보이지 않았다. 5분이 지나 10분이 흘러갔다. 걱정이 된 나는 아내에게 전화를 걸었다. "여보, 어디에요?"

"주차장인데, 당신은 어디에요?" 아내의 말에 당장 차에서 내려 주차장을 샅샅이 뒤졌지만 아내는 보이지 않았다. 순간, 정신이 번쩍 들었다. 식당은 제대로 찾아왔지만 다른 지점으로 온 것이었다.

상대방의 말을 귀담아듣지 않은 적이 있는가? 여자보다는 남자들이 잘 그런다. 아내가 창고에서 무엇을 갖다달라거나 잔디를 깎아 달라거나 세탁물을 세탁실로 갖다 놓으라고 하면 남자들은 고개를 끄덕이고서 금방 잊고 말한 대로 실천하지 않는다. 마찬가지로, 마태복음 28장 18-20절의 지상명령을 읽은 후 사람들을 제자로 삼겠다고 결심하고, 또한 제자화에 관한 목사의 설교에 고개를 끄덕이고 나서 실제로 그 명령에 따라 행동하지 않는 신자들이 너무도 많다. 그들을 보며 하나님은 무슨 생각을 하실까?

많은 신자들이 하나님이 주신 제자화의 책임을 목사를 비롯한 훈련된 교회 리더들에게만 떠넘긴다. 예수님의 명령은 더없이 분명하건만 많은 신자가 예수님의 최우선사항을 제대로 수행하지 않고 있다.

생각하기

제자 삼는 교회가 되기 위해 당신의 교회는 무엇을 해야 할까?

———

사역에 관한
세 가지 오해

스티브 머렐(Steve Murrell)은 WikiChurch(위키처치)에서 오늘날 제자화를 방해하는 세 가지 오해를 지적했다. 멘토링에 관한 오해, 사역에 관한 오해, 성숙에 관한 오해가 그것이다.[12] 멘토링에 관한 오해는 오직 직업적인 목회자들만 사역을 해야 한다는 것이다.

우리 교회의 장로 지미(Jimmy)가 등 수술로 병원에 입원을 하자 나는 수술 전에 기도를 해 주었다. 그런데 2주 뒤 주일예배를 마친 후 한 교인이 내게 이런 말을 했다. "지미 장로님이 수술 받으신 뒤로 아무도 병문안을 오지 않아서 단단히 서운해 하십니다." 놀란 나는 손사래를 쳤다. "그렇지 않습니다. 지난 2주 동안 세 분이나 지미 장로님의 병문안을 했습니다." 수술 다음 날에는 부목사가 병원을 찾아갔고 같은 주에는 한 집사가 찾아갔다. 그 다음 주에도 한 집사가 지미 장로를 찾아가 오후 시간을 함께 보냈다.

나는 오해를 바로잡아 주고자 예배 후에 지미 장로의 집을 찾았다.

나는 집안으로 들어서며 인사했다. "안녕하셨어요?" 그러자 지미 장로가 뚱한 표정으로 대답했다. "별로 안녕하지 못합니다." 나는 어리둥절했다. "무슨 일이 있나요?" 그는 수술을 받고 나서 병문안을 받지 못해서 기분이 언짢다고 말했다. 그 즉시 나는 조나단(Jonathan) 부목사가 병원을 찾아갔다는 사실을 밝혔다. 같은 주에 토드(Tod)가 병문안을 했고, 테드(Ted)도 주일예배 전에 그의 집에 들렀음을 말했다. 그러자 지미 장로는 여전히 굳은 얼굴로 말했다. "그게 문제가 아니고요. 목사님이 병문안을 오시지 않았다는 말입니다."

오늘날 교회에 만연해 있는 이런 사고를 래리 오스본(Larry Osborne)은 성직자에 대한 오해로 명명했다. 오스본의 말을 들어보자. "성직자에 관한 오해는 목사를 비롯한 성직자가 하나님과 더 직접 통한다는 생각이다. 이런 생각에 빠지면 목사에게 과도한 짐을 지우고 그 외에 다른 사람들의 재능과 은사를 활용하지 않기 때문에 교회가 약해진다. 이는 리더십 은사를 우월한 영성과 잘못 동일시하는 것이다."[13] 이런 오해를 그냥 두면 평신도들이 무기력해진다.

요즘 교회에서 흔히 볼 수 있는 두 번째 오해는 사역에 관한 오해다. 이 오해에 빠진 사람들은 이렇게 말한다. "과거의 죄, 내성적인 성격, 부족한 재능, 성경을 읽고 암송하고 기도하지 않는 게으름 등으로 인해 나는 사역을 할 준비가 되지 않았다."

마지막 오해는 성숙에 관한 오해다. 이는 사역을 하기 전에 먼저 완벽한 성숙에 이르러야 한다는 생각이다. "신학교를 나와야 사역을 할 수 있지." "이번 성경공부만 마치면 사역할 준비가 될 거야." "이 학위를 따자마자 가서 사역하도록 하겠습니다." 누군가가 답을 모르는 질문을 할

까봐 두려워 아무런 사역도 하지 않고 가만히 앉아 있는 사람이 너무도 많다. 그로 인해 그들은 크리스천으로서의 목적을 이루지 못하고 하나님이 주시는 복을 놓친다.

사역에 대한
오해 깨뜨리기

바울은 에베소교회에 보낸 편지에서 이 오해들을 완전히 깨뜨린다.

> 그가 어떤 사람은 사도로 어떤 사람은 선지자로 어떤 사람은 복음 전하는 자로 어떤 사람은 목사와 교사로 삼으셨으니 이는 성도를 온전하게 하여 봉사의 일을 하게하며 그리스도의 몸을 세우려 하심이라 우리가 다 하나님의 아들을 믿는 것과 아는 일에 하나가 되어 온전한 사람을 이루어 그리스도의 장성한 분량이 충만한 데까지 이르리니(엡 4:11-13).

이 구절의 진행 순서를 눈여겨보라. 11절에서 바울은 멘토들을 소개한다. 12절에서는 사역에 대해 간략히 소개했다. 13절에서는 성숙에 관한 이야기를 했다. 그런데 대부분의 교회가 이 구절의 순서를 11절, 13절, 12절로 마음대로 바꾸었다.[14] 그래서 목사와 멘토, 리더들은 교인들이 교리 교육 프로그램과 성경공부, 강연회, 세미나, 주일예배에 오랫동안 참여하다가 자신감을 얻어 자발적으로 사역 참여를 요청하기 전까지 수동적으로 기다린다. 어찌된 일인지 우리는 학위와 출석률을 성숙과 동일시하고 있다.

이 구절의 흐름을 그대로 따라가기만 해도 제자화에 관한 성경적인 모델이 드러난다. 사역이 성숙으로 가는 길이지, 성숙이 사역으로 가기 위한 관문은 아니다. 목사와 멘토, 리더들의 역할은 교인들이 하나님이 주신 사역을 잘 감당할 수 있도록 온전하게 만드는 것이다. 목회자의 성공은 사역을 잘 하느냐만이 아니라 다른 제자와 설교자, 목사, 신실한 아버지, 그리스도를 공경하는 학생들을 잘 키워내느냐에 따라 평가되어야 한다.

12절을 제대로 이해하면 사역에 관한 오해가 깨진다. 성격이 담대하든 수줍음을 잘 타든 상관없이 하나님은 누구나 사용하실 수 있고 실제로 사용하신다. 기도를 서툴게 해도, 성경을 많이 읽지 않아도, 사람들이 물어보는 모든 질문에 답할 지식이 없어도, 상관없이 사역에 참여할 수 있다(12절). 모든 신자는 제자를 키우라는 명령을 받았다. 제자를 양성하기 위해 밟아야 할 코스나 통과해야 할 시험은 없다.

마지막으로, 사역을 위해 스스로 충분히 성숙했다는 확신이 생길 때까지 기다릴 필요가 없다. 이 구절은 성숙이 사역을 통해 이루어지는 것이지 사역이 꼭 성숙한 사람을 통해 이루어지는 것은 아님을 보여 준다. 예수님과 바울의 바람은 몇몇 신자도 아니고 많은 신자도 아니고 대부분의 신자도 아닌 '모든' 신자가 제자를 키우는 사람이 되는 것이었다. 크리스천이 되는 것과 제자를 양성하는 것은 불가분의 관계에 있다. 복음을 위해 목숨을 바친 독일 신학자이자 목사였던 디트리히 본회퍼(Dietrich Bonheoffer)도 《나를 따르라》(The Cost of Discipleship)에서 같은 주장을 펼쳤다. "살아 계신 그리스도가 없는 기독교는 필연적으로 제자화가 없는 기독교이며, 제자화가 없는 기독교는 필연적으로 그리스도가 없는 기독교다."[15]

제자화는 전쟁을 위한 기본 훈련일 뿐 아니라 치유와 회복을 위한 병원이다.

삶에서
세 가지 관계 찾기

2013년 주님의 곁으로 떠난 달라스신학교(Dallas Theological Seminary)의 하워드 헨드릭스(Howard Hendricks) 교수는 모든 신자가 각자의 삶 속에서 세 가지 관계를 찾아야 한다고 가르쳤다.

- 바울- 우리가 배울 수 있는, 나이와 지혜가 더 많은 신자
- 바나바- 가르치고 격려하고, 잘하고 있는지 점검해 주는 친구
- 디모데- 우리가 투자하고 있는 젊은 신자(신자들)[16]

이 세 관계는 서로를 성장시키는 관계다. 솔로몬의 다음 말이 이런 관계를 두고 한 말일 것이다. "철이 철을 날카롭게 하는 것 같이 사람이 그의 친구의 얼굴을 빛나게 하느니라"(잠 27:17).

생각하기

당신의 삶에 이 세 관계가 있는가? 당신에게도 바울과 바나바, 디모데가 있는가? 그렇지 않다면 그런 사람이 될 가능성이 있는 사람들은 누구인가?

이제 무엇을
해야 할까?

조지 마틴(George Martin)의 다음 말은 목회자들을 염두에 둔 말이지만 사실상 모든 신자에게 적용된다.

> 목사들은 만약 임기가 3년밖에 남지 않았는데 아직 후계자가 없는 상황에 대해 상상해 보아야 한다. 자신이 떠난 뒤에 자신의 일을 최대한 이어갈 수 있는 평신도 리더들을 선별하고 격려하고 훈련시키는 일을 최우선사항으로 삼게 될 것이다. 그렇게 3년을 보낸 결과는 실로 엄청날 것이다. 아니, 가히 혁명적일 것이다.[17]

이 땅에서의 시간이 3년밖에 남지 않았다면 어떻게 살겠는가? 무엇을 바꾸겠는가? 영원한 유산을 남기기 위해 어떤 행동을 취하겠는가? 자녀, 가족, 친구들과 함께할 시간이 3년밖에 남지 않았다면 그들을 제자로 키우는 일을 소홀히 하지는 않을 것이다.

인류 구속의 놀라운 메시지를 세상에 전할 방법이 많겠지만 예수님은 그 메시지를 열두 명에게 맡기는 방법을 선택하셨다. 그리고 그 메시지는 수세기를 거쳐 우리에게까지 맡겨졌다. 우리는 디모데후서 2장 2절에 나타난 사슬의 현재 고리다. 따라서 우리도 열두 제자와 똑같은 긴박감을 갖고 살아야 한다.

모든 신자는 두 가지 질문에 답할 수 있어야 한다. 내가 누구를 제자로 키우고 있는가? 누가 나를 제자로 훈련시키고 있는가? 모든 교회는 두 가지 질문에 답할 수 있어야 한다. 제자 양성을 위한 계획을 갖고 있는가? 그 계획이 실제 결과로 이어지고 있는가?

생각하기

이 세상에서의 삶이 3년밖에 남지 않았다면 누구에게 당신의 시간을 투자하겠는가? 시간의 우선순위를 어떻게 세울 것인가?

———————

암송 구절

디모데후서 2장 1-2절

———————

Chapter 3

예수님이 그리시는 제자화 청사진

열두 제자처럼
복음은 사람을 타고 흐른다

"그가 어떤 사람은 사도로 어떤 사람은 선지자로
어떤 사람은 복음 전하는 자로 어떤 사람은 목사와 교사로 삼으셨으니
이는 성도를 온전하게 하여 봉사의 일을 하게 하며
그리스도의 몸을 세우려 하심이라"(엡 4:11-12).

"제자로 삼으라!"

2천 년 전 갈릴리 시골에서 이 명령이 열두 제자의 귓속으로 빨려 들어갔다. 예수님이 제자들에게 하신 이 마지막 말씀을 흔히 지상명령이라고 부른다. 이 명령에는 심장에 불을 지피는 진리가 담겨 있다. 하나님은 우리를 통해 복음을 온 세상에 전하기로 선택하셨다. 창조주요 구속자께서 지옥행 죄인들을 천국행 제자들로 변화시키는 절대적으로 중요한 일에 감사하게도 우리를 파트너로 불러 주셨다. 바울이 육신적인 고린도 교인들에게 "우리는 하나님의 동역자들이요"(고전 3:9)라고 설명했다.

의사 누가는 성령이 오셔서 그 일을 이룰 능력을 주신다는 예수님의 약속을 자신의 복음서와 사도행전에 기록했다(눅 24:49; 행 1:8). 또한 그는 예수님이 하늘 승천 전에 제자들(그리고 우리)을 축복하셨다는 사실을 알리며 우리를 격려한다(눅 24:50-51). 이어서 바울은 예수님이 승천하실 때 제자들에게 그 일을 이루기에 충분한 '선물'(영적 능력들)을 주셨다고 말한다(엡 4:8-16).

자신은 제자를 양성할 자격이 없다는 말이 불순종에 대한 변명에 불과한 경우도 있지만, 정말로 자신이 부족하다고 생각해서 선뜻 나서지 못하는 신자들도 많다. 하지만 예수님은 제자들에게 (그리고 그들의 뒤를 잇는 우리 모두에게) 세상에 복음을 전하라는 명령만 주고서 그 이후의 상황에 대해서는 모른체 하시는 분이 아니다. 예수님은 그 일을 하는 데 필요한 모든 것을 주셨다. 즉 예수님은 우리 안에 거하는 성령을 주시고 우리의 노력을 축복해 주신다.

이 책의 주된 목적은 당신이 제자들을 키우는 제자가 되도록 돕는 것이다. 개인적인 경험으로 보나 목회 경험으로 보나 제자화 모임이야말로 이 목적에 가장 효과적인 도구다. 나는 제자화를 진정으로 원하는 사람이라면 제자화 모임에 참여해야 하고, 제자 양성을 진정으로 원하는 교회라면 교회 안에서 제자화 모임을 만들고 권장해야 한다고 믿는다.

흐를 것인가, 멈출 것인가

누피디아(Nupedia)라고 하는 온라인 백과사전에 대해 알고 있는가? 십중팔구 잘 모를 것이다. 2000년 지미 웨일스(Jimmy Wales)와 래리 생어(Larry

Sanger)가 개발한 누피디아의 목표는 단순했다. 세계 최고의 의사, 역사학자, 교수들과 계약을 맺어 연구를 하고 학술 논문을 쓰게 한다. 그런 다음, 그 논문을 철저한 검토를 거쳐 온라인 사이트에 올린다. 이 프로젝트의 특성상, 진행은 극도로 더디게 진행되었다. 결국 두 사람은 3년 만에 서버의 플러그를 뽑았다. 그동안 사이트에 올린 논문은 겨우 24편이었고, 그 외에 검토 중인 논문이 74편이었다.[1]

2001년 웨일스와 생어는 누피디아의 피더 시스템을 개발할 목적으로 두 번째 도구를 선보였다. 이 후속 프로젝트는 전과 다른 접근법을 취했다. 이번에는 보통 사람들에게 문서를 제출하도록 했다. 예를 들어, 골프광은 골프에 관한 문서를 제출할 수 있었다. 축구 팬은 좋아하는 축구 팀의 선수들과 감독, 통계에 관한 문서를 쓸 수 있었다.

첫해에 자원자들은 2만 건의 '위키' 문서를 검토용으로 제출했다. 그로부터 11년이 지나 내가 이 글을 쓰는 지금, 위키피디아(Wikipedia)는 1,700만 건 이상의 문서를 자랑하는 세계 최대의 온라인 백과사전으로 성장했다. 평범한 사람들이 열정을 느끼는 주제에 관해 연구하고 조사해서 글을 쓰게 한 결과가 이토록 엄청났다.

위키피디아가 100퍼센트 정확하거나 믿을 만하다고 말하는 것이 아니다. 단지 자원자들이 세계에서 가장 널리 사용되는 온라인 백과사전을 만들어 냈다는 점에 주목하자는 말이다.

그런데 많은 교회가 위키피디아 모델이 아닌 누피디아 모델에 따라 운영되고 있다. 인간의 영혼들과 하나님 나라를 생각할 때 이는 너무나도 안타까운 상황이다. 자격증을 갖춘 전문가들에게만 제자화 그룹이나 선교 활동을 맡기고, 나머지 교인들은 하나님이 '그들에게' 명령하신 일을 남들이 하는 모습을 앉아서 구경만 하고 있다. 스티브 머렐(Steve Murrell)은 WikiChurch(위키처치)에서 이런 도전을 던진다. "상황이 바뀌면 어떻게 될지 상상해 보라. 유급 사역자들만이 아닌 모든 신자가 사역에 참여하면 어떨지 상상해 보라. 바로 이것이 위키처치다. 바로 이것이 사도행전 신자들의 모습이다."[2]

최근 우리 교회는 제자훈련 세미나를 마친 뒤 빌 헐(Bill Hull)의 설교를 들었다. 헐은 캘리포니아 주 남부의 바이올라대학(Biola University)에서 수업을 했던 이야기로 설교의 포문을 열었다. 수업 첫날 헐은 15주간의 수업 계획을 간략히 설명했다. "매 수업 후에 여러분은 다른 한 사람에게 그 주에 배운 모든 것을 가르쳐야 합니다. 이번 학기 내내 이 방식으로 수업이 진행될 겁니다."

모두가 호기심 가득한 표정을 지었다. 헐의 설명이 계속되었다. "이번 학기가 끝나면 그 한 사람이 학교에 와서 여러분 대신 기말고사를 치를 겁니다. 그러니까 여러분의 학점은 여러분이 배운 것을 다른 사람에게 얼마나 잘 가르쳤는가에 달려 있습니다."[3] 자, 당신이라면 시험을 통과할 수 있겠는가?

당신은 얼마나 많은 사람을 제자로 키웠는가? 얼마나 많은 사람이 당신의 도움으로 제자가 되어, 지금 다른 제자들을 키우고 있는가? 교회가 그 자체로 목적이 되면 거기서 끝이다. 교리 교육 프로그램이 좋은 것이지만 그 자체로 목적이 되면 거기서 끝이다. 소그룹 사역이 그 자체로 목적이 되면 거기서 끝이다. 예배가 그 자체로 목적이 되면 거기서 끝이다. 하지만 제자화를 목표로 삼으면 그 과정이 끝없이 계속된다. 유기체처럼 살아서 움직이고 계속해서 번식한다. 따라서 모든 제자가 다른 제자를 키워야 한다.

모든 크리스천은 요단강과 사해에 비유될 수 있다. 요단강은 북에서 남으로 활발히 흐르는 물이다. 반면, 사해는 물이 빠져나가는 하구가 없다. 북에서 들어온 물이 세상에서 가장 낮은 지점까지 채우지만 다시 흘러나가지는 않는다. 사해의 물은 고여만 있다. 나는 모든 신자가 이 두 종류의 물 중 하나와 같다고 생각한다. 흐르는 물처럼 남들의 삶에 영향을 미치거나 사해처럼 생명력 없이 정체되어 있다.

생각하기

당신의 교회는 누피디아 모델과 위키피디아 모델 중 무엇을 따르고 있는가?

———

예수가 그린
제자화 청사진

"제자화 그룹이 교리 교육 프로그램이나 성경공부 소그룹과 무슨 차이가 있나요?"

이런 질문을 자주 받는다. 몇 가지 차이점을 짚고 넘어가자. 첫째, 제자화 그룹은 열린 그룹보다는 닫힌 그룹에 가깝다. 교리 교육 프로그램과 성경공부 모임은 대개 열린 그룹이다(혹은 열린 그룹이어야 한다). 참여를 원하는 모든 사람에게 열려 있다는 말이다. 반면, 제자화 그룹은 기본적으로 소수의 사람들에게만 열려 있다. 초대받은 사람만 그룹에 참여할 수 있다.

둘째, 제자화 그룹의 목적은 완전히 다르다. 교리 교육 프로그램과 성경공부 모임은 성장과 교제를 위해 존재하지만 추가적인 목적이 또 하나 있다(혹은 있어야 한다). 그 목적은 바로 전도다. 교리 교육 프로그램은 주로 교회에 처음 나온 사람들을 교육시켜 전도하기 위한 것이다. 반면, 제자화 그룹은 그리스도와 더 친밀히 동행하기를 원하는 신자들로 이루어진다. 제자화 그룹은 그 형태나 기능에서 전도와 상관이 없지만, 전도의 열매로 이어진다. 제자들을 키우면 그들이 다시 다른 사람들을 제자로 삼기 때문이다.

최근, 제자화 그룹의 분위기는 이전과 완전히 달라졌다. 학생들이 가득한 교실에서 한 교사가 토론을 진행하던 강의 분위기에서, 마음이 맞는 몇몇 사람들이 서로가 잘하고 있는지 점검해 주는 친밀한 책임성 관계로 변해가고 있다. 조엘 로젠버그(Joel Rosenberg)와 T. E. 코시(Koshy)의 책 The Invested Life(투자된 삶)에 따르면 제자화 관계는 "더 개인적이고 실제적이며 강력하다. 교사는 정보를 나누는 반면, 제자를 키우는 사람은 삶을 나눈다. 교사는 머리를 겨냥하는 반면, 제자를 키우는 사람은 마음을 겨냥한다. 교사는 지식을 평가하는 반면, 제자를 키우는 사람은 믿음을 평가한다. 교사는 권위자인 반면, 제자를 키우는 사람은 종이다. 교사는 '내 말을 들어'라고 말하는 반면, 제자를 키우는 사람은 '나를 따르라'라고 말한다."[4]

예수님은 개인적인 본보기를 통해 신자들의 삶 속에서, 궁극적으로는 교회 안에서 제자화를 어떻게 이룰지에 관한 청사진을 그려 주셨다.

이 청사진을 따르면 참가자들은 세 가지 역학에 참여함으로 개인적인 성장을 이루고 하나님 나라를 넓히게 된다. 세 가지 역학은 공동체, 책임성, 번식이다.

생각하기

제자화 모임을 소그룹이나 성경공부 모임과 혼동해 왔는가?
그렇다면 어떤 면들에서 그렇게 해 왔는가?
두 그룹은 어떤 차이점이 있는가?

공동체 안에서의
연합

존 웨슬리(John Wesley)는 새신자들의 삶이 진정으로 변할 수 있는 유일한 길은 새로 얻은 믿음을 공동체 안에서 실천하고 표현하고 키우는 것임을 분명히 알고 있었다.[5] 사도행전에 따르면 신약의 신자들은 서로를 돌보았을 뿐 아니라 "그들이 사도의 가르침을 받아 서로 교제하고 떡을 떼며 오로지 기도하기를 힘쓰니라 … 다 함께 있어 모든 물건을 서로 통용"(행 2:42-44)하였다. 초대 교회 신자들은 가족과도 같은 연합 속에서 모이고 예배하고 일하고 살았다. 이런 연합은 제자들의 특징 가운데 하나다. 이런 친밀한 관계는 예수 그리스도의 복음에 대한 흔들리지 않는 믿음이라는 공통점에서 싹텄다. 그들이 함께 살고 일하고 배우는 가운데 그리스도의 영이 함께하셨다(마 18:20). 우리도 다른 신자들과 교제할 때 그리스도의 임재를 더 깊고도 생생하게 누릴 수 있다.

헬라어에서 공동체는 친교를 뜻하는 '코이노니아'(koinonia)와 동의어로 자주 사용된다. 공동체는 사람들이 공통 관심사를 중심으로 하나가 될 때 이루어진다. 이 경우 공통 관심사는 복음이다. 친교는 사람들이 하나로 연합해서 일하는 것이라고 할 수 있다. '두 사람이 한 배를 탄 것'으로도 정의할 수 있을 것이다. 예수님은 신자들 사이의 친교가 부모나 형제 사이의 혈육 관계보다도 더 깊고 강할 수 있다고 가르치셨다(마 12:46-50). 교회 안에서 제자들의 궁극적인 특징(요 13:34-35) 가운데 하나인 코이노니아를 지키는 것은 인간의 노력이나 제도로는 불가능하다. 그것은 오직 성령을 통해서만 가능하다(빌 2:1-2).

공동체는 신앙의 수준이 다양한 각양각색의 사람들로 구성된다. 또한 예수님은 자신의 제자훈련 모델에서 다양한 수준의 공동체를 보여주셨다. 먼저 그분은 특별히 열두 제자를 선정해 함께 사셨다. 그리고 그들 중 베드로와 야고보, 요한을 더 친밀한 훈련 관계로 불러 특별한 관심을 쏟으셨다.

공동체는 복음에 대한 믿음을 더 넓게 퍼뜨린다. 예를 들어, 바울은 복음 전파를 위해 자신과 동역했던 여러 사람을 서신서에서 소개했다. 그중 대부분은 충성스러웠지만 개중에는 그렇지 못한 이도 있었다. 그럼에도 복음 전파의 사역은 계속되었다. 그것은 선교의 성공이 어느 한 사람의 충성에 달려 있지 않기 때문이다.

서로의 짐을
지는 관계

책임감이 왜 중요한가? 인생은 우여곡절, 죄, 후퇴와 실패가 가득한 굽이길이다. 그래서 바울은 "너희가 짐을 서로 지라 그리하여 그리스도의 법을 성취하라"라고 명령한다(갈 6:2). 한번은 예수님이 주신 임무를 마치고 돌아온 "사도들이 예수께 모여 자기들이 행한 것과 가르친 것을 낱낱이 고"(막 6:30)했다. 예수님은 제자들에게 사역을 위임하셨을 뿐 아니라 그 사역이 잘 진행되고 있는지 보고하게 하셨다.

척 스윈돌(Chuck Swindoll)은 책임감을 "진실을 말해 줄 수 있는 소수의 믿을 만한 사람들을 신중히 선택해서 그들이 자신을 조사하고 질문을 던지고 인정하고 조언을 해 줄 수 있도록 자신의 삶을 열어 보이는 것"이라고 설명했다.[6] 모든 신자는 하나님(히 9:27), 영적 리더들(히 13:17), 다른 신자들(잠 27:17)에 대해 책임이 있다. 물론 성령이 도우셔야 하지만 기본적으로 책임감은 성장을 위한 원동력이 되어 준다.

책임 있는 관계라고 해서 서로를 비난하거나 비판할 권리는 없다. 이 관계의 목적은 서로가 하나님의 아들과 딸이라는 정체성을 제대로 이해함으로 그리스도께로 돌아가도록 돕는 것이다. 다음과 같은 책임감에 대한 질문은 개인적인 성장을 가속화한다. 배우자와의 관계는 어떠한가? 고백하지 않은 죄가 있는가? 자녀에게 신앙의 본을 보이고 있는가? 매일 성경을 읽고 있는가?

책임감은 작은 규모의 제자화 그룹 안에서 가장 원활하게 이루어진다. 내성적인 사람은 큰 그룹에 부담을 느낄 수 있다. 또한 그룹의 규모가 클수록 비밀을 함부로 이야기하고 다니는 사람이 나올 가능성이 높다. 비밀 유지에 관한 이야기는 더 하겠지만 여기서 잠시만 짚고 넘어가자. 서로 책임을 갖는 관계에서 비밀을 지키지 않는 사람은 잘못이다. 하나님의 자녀로 성장해 가는 사람의 문제점을 부주의하게 떠벌리고 다니는 사람은 "너희 죄를 서로 고백하며 병이 낫기를 위하여 서로 기도하라"라고 명령하신 하나님께 반드시 가혹한 심판을 받을 것이다(약 5:16).

혹시 '나는 누구에 대해서도 책임을 질 일이 없다'라는 생각을 하고 있는가? 안타깝지만 그럴 수는 없다. 우리 모두는 누군가에 대해 어떤 식으로든 책임을 갖고 있다. 시민에서부터 시작해서 배우자와 자녀, 직원, 리더, 팀원들까지 모든 역할에 어떤 식으로든 책임이 따른다.

아무도 보지 않을 때 하는 행동을 보면 그 사람의 진짜 인격을 알 수 있다는 말이 있다. 그렇다면 우리 중에 진짜 인격자는 거의 없을 것이다! 그래서 책임감 있는 관계가 필요하다. 책임감은 억지로라도 최선의 모습을 보이게 만든다. 스피드건을 손에 든 경찰관을 보면 폭주족도 속도를 늦춰 제한속도를 지킨다. 친구들이 집에 온다고 전화를 하면 우리는 부리나케 청소를 한다. 소그룹을 진행하게 되면 미리 성경을 공부할 수밖에 없다. 감시를 받으면 일을 더 열심히 하게 되어 있다. 누군가에게 인터넷 사용 기록을 보게 허락하고 나면 인터넷 사용을 더 조심할 수밖에 없다. 시험이 없다면 알아서 공부할 학생이 얼마나 될 것인가?

우리의 악한 본성을 다스리려면 책임감이 필요하다. 이 개념을 제대로 이해한다면 삶의 담장을 낮추고 남들이 우리의 삶을 훤히 들여다볼 수 있게 허용해야 한다. 우리의 삶에 대해 형제자매에게 책임을 지고 그들의 도움을 받을 때 "얽매이기 쉬운 죄"를 더 쉽게 극복할 수 있다(히 12:1). 성경 읽기와 암송, 기도, 순종 같은 성장에 필수적인 영적 훈련들은 다른 신자들과의 투명한 제자훈련 관계들 속에서 원활하게 이루어질 수 있다. 피상적인 대화보다 더 깊게 들어가는 날카로운 질문들을 통해 하나님 말씀에 대한 믿음이 더 깊어진다(부록7에 책임성에 관한 질문들의 목록을 준비해 두었다). 주님과 친밀히 동행하기를 진정으로 원하는 신자는 남들에게 자신의 삶을 공개하고 책임성 있게 살아가는 관계 속으로 들어가야만 한다.

책임감은 관계에 매우 중요한 역할을 한다. 따라서 처음부터 세 가지 영역과 관련한 경계를 신중하게 정해야 한다. 세 가지 영역은 비밀 유지와 지적, 고백이다. 한 가지 경고를 하자면, 누구와 책임성 관계를 맺을지 지혜롭게 분간해야 한다. 아무나 우리의 삶에 영향을 미치게 해서는 안 된다. 영적이지 못한 사람들에게 영적인 지도를 구하는 것은 절대 금물이다.

생각하기

왜 책임감이 중요한가? 당신이 과거에 책임감을 가졌던 사람들을 나열해 보라. 현재는 누구와 책임성 관계를 맺고 있는가?

_____

비밀 유지

제자화 그룹에서는 민감한 이야기가 오가기 때문에 모든 것을 철저히 비밀에 부쳐져야 한다. 제자화 그룹의 신자들이 그리스도 안에서의

형제자매들에게 자신의 문제를 털어 놓으라는 성경의 명령에 순종할 때
는 당연히 모두가 비밀을 지켜 줄 것이라는 전제에서 그렇게 하는 것이
다. 진정한 신자로서 우리는 비밀을 지켜 줄 수 있어야 한다. 남들의 삶
에 깊이 뿌리를 내린 죄를 알았을 때는 믿을 만한 청지기 정신을 발휘해
야 한다. 비밀을 지키겠다는 약속을 깨는 것만큼 좋은 관계를 빨리 무너
뜨리는 것도 없다. 특히, 다른 신자의 죄나 약점을 알고서 남들에게 퍼
뜨리면 그 신자는 교회, 심지어 그리스도와의 동행을 떠나게 될 수도 있
다. 예수님이 어린아이들에게 상처를 준 사람에 대해서 하신 다음 말씀
은 신앙적으로 어린 신자에게 상처를 준 사람에게도 똑같이 적용된다.

> 그가 이 작은 자 중의 하나를 실족하게 할진대 차라리 연자맷돌이 그
> 목에 매여 바다에 던져지는 것이 나으리라(눅 17:2).

올바른 지적

진정한 책임감은 서로 죄를 지적해 줄 수 있다. 서로의 영적인 삶에
도전을 던질 수 있어야 한다. 죄에 빠진 형제나 자매에게 죄를 지적하고
싶은 사람은 세상 어디에도 없다. 하지만 예수님은 사랑으로 조심스럽
게 서로를 지적하라고 명령하셨다(마 18:15-20). 여기서 지적의 목적은 죄
에 사로잡힌 사람에게 망신을 주는 것이 아니라 그가 죄의 마수에서 벗
어나도록 돕는 것이다.

다른 신자의 죄를 지적하는 것은 거룩한 책임이다. 이 책임 앞에서
우리는 언제나 겸손해야 한다. 지적하기를 좋아하는 사람은 잘못된 태
도를 지닌 사람이며, 유익보다는 해를 끼치기 쉽다. 옳은 태도는 잘못

한 상대방에 대한 사랑과 걱정이다. 비판이나 정죄의 태도로 지적을 해서는 안 된다. 영적 우월감에서 비롯한 지적도 금물이다. 지적은 언제나 은혜로 해야 하지, 상대에게 창피를 주려고 해서는 안 된다.

성경적 의미의 고백

성경에서 가장 큰 위로가 되는 구절은 요한일서 1장 9절이다. "만일 우리가 우리 죄를 자백하면 그는 미쁘시고 의로우사 우리 죄를 사하시며 우리를 모든 불의에서 깨끗하게 하실 것이요." 죄는 거룩하신 하나님과의 관계를 방해한다. 따라서 신자로서 우리는 하나님께 죄를 고백해야 한다.

하지만 많은 크리스천이 성경적 의미의 고백을 제대로 이해하지 못하고 있다. 그들은 고백이 잘못에 대해 하나님께 사과함으로 용서를 받는 것이라고 생각한다. 조나단 도드슨은 고백에 관한 오해를 다음과 같이 바로잡아 준다.

고백의 목적은 하나님 앞에서 자신을 깨끗하게 하는 것이 아니다. 사람은 결코 스스로 깨끗해질 수 없기 때문이다(슥 3:3-5; 시 51:1-2; 요일 1:7). 고백의 목적은 자신을 용서하는 것도 아니다. 궁극적으로 죄는 자신이 아닌 하나님을 향해 지은 것이기 때문이다(창 39:9; 시 51:4). … 따라서 고백은 깨끗한 양심을 얻기 위한 수단이 아니다. 용서는 이미 예수님의 보혈로 사신 바 되었다. 우리는 단지 고백을 통해 그분이 사신 용서를 받는 것일 뿐이다. … 고백을 '진짜'라는 관점에서 보면 도움이 되지 않을까 싶다. 고백은 말을 통해 그리스도 안에서의 진짜 모습을 영적으로

회복하는 것이다.[7]

'고백하다'(confess)에 해당하는 헬라어는 '같은 말을 하다, 즉 동의하다'
는 뜻이다. 성경적인 고백은 단순히 "죄송합니다. 용서해 주십시오"라고
말하는 것이 아니다. 죄를 하나님과 같은 시각으로 바라보고, 죄를 계속
해서 지어서는 안 된다는 하나님 말씀에 동의한다면, 삶의 변화가 나타
나야 한다. 그래서 성경적인 고백은 회개를 포함한다. 회개는 마음의 변
화이며, 마음의 변화는 행동의 변화로 이어질 수밖에 없다.

고백의 두 번째 차원은 다음과 같다.

그러므로 너희 죄를 서로 고백하며 병이 낫기를 위하여 서로 기도하라
의인의 간구는 역사하는 힘이 큼이니라(약 5:16).

죄의 굴레에 갇힌 신자는 도움이 필요하다. 심지어 세상도 이 점을
알고 있다. 알코올중독자 갱생회(Alcoholics Anonymous)를 보면 알 수 있다. 이
모임이 효과적인 이유는 참가자들이 그룹으로 모이고 금주에 대해 후원
자에게 책임을 지기 때문이다. 이 모임의 힘은 그룹으로 모여 서로 돕고
격려하고 서로에게 책임을 지는 역학에 있다.

제자화 그룹도 같은 역학으로 이루어진다. 제자화 그룹은 서로 돕고
서로를 위해 기도하며 서로 격려하고 서로에게 책임을 지는 죄인들의
모임이다. 이런 은혜로운 역학이 갈라디아서 6장 1-3절의 핵심이다. 죄
가 신자의 삶에 깊이 뿌리를 내렸을 때 이 역학이 회복의 열쇠가 된다.

형제들아 사람이 만일 무슨 범죄한 일이 드러나거든 신령한 너희는 온유한 심령으로 그러한 자를 바로잡고 너 자신을 살펴보아 너도 시험을 받을까 두려워하라 너희가 짐을 서로 지라 그리하여 그리스도의 법을 성취하라 만일 누가 아무것도 되지 못하고 된 줄로 생각하면 스스로 속임이라(갈 6:1-3).

예수가 보인
연민을 따르다

일부 크리스천은 갈라디아서 6장 1절의 마지막 부분을 오해한다. 죄에 빠진 신자를 회복시킬 때 그 죄가 자신에도 묻지 않도록 경계해야 한다는 뜻으로 이해하고 있다. 하지만 전혀 그런 뜻이 아니다. 성경을 의역한 메시지 성경이 이 구절의 의미를 잘 담아내고 있다.

누군가가 죄에 빠지거든 너그러운 마음으로 그를 바로잡아 주고 여러분 자신을 위해 비판의 말을 아끼십시오. 여러분도 하루가 가기 전에 용서가 필요하게 될지 모르기 때문입니다. 눌린 사람들에게 몸을 굽혀 내미십시오. 그들의 짐을 나누어짐으로써 그리스도의 법을 완성하십시오. 자신이 너무 잘나서 그런 일을 할 수 없다고 생각한다면 여러분은 대단한 착각에 빠진 것입니다(메시지성경).

이해가 되었는가? 당신도 죄인이다. 다음번에는 당신이 회복이 필요한 상황에 처할 수도 있다. 이 점을 깨닫지 못한다면 사탄에게 현혹된 것이다. 죄의 문제를 안고 있는 형제자매를 보며 "나라면 절대 저런 짓을 하지 않을 텐데"라고 말하지 않도록 거듭 조심해야 한다. 이런 말을 하는 순간, 마귀의 최우선 표적이 된다. "어디 넘어뜨릴 테면 넘어뜨려 보라." 이렇게 자신만만하게 말하는 사람이 꼭 있다. 그래서 성경에 이런 경고가 있다. "그런즉 선 줄로 생각하는 자는 넘어질까 조심하라"(고전 10:12).

예수님이 우리에게 보여 주신 연민을 다른 죄인들에게 보여 주는 것이 그리스도의 사랑의 본을 따르는 것이다. 그리스도는 우리가 죄에서 자유를 얻게 하기 위해 죽으셨다. 따라서 그분의 제자인 우리는 서로가 세상과 육신, 마귀를 이기도록 도우며 살아가야 한다. 연민은 '상대방의 아픔을 내 마음으로 느끼는 것'으로 정의할 수 있다. 우리 모두는 죄인이기 때문에 죄에 허덕이는 형제자매에게 언제나 연민으로 반응해야 마땅하다.

제자화 그룹의 리더는 성경적인 지적과 고백을 가르치고 참가자들이 그룹 내에서 어떻게 처신해야 할지에 관한 적정한 경계들을 신중히 정할 책임이 있다. 이와 관련해서 리더는 하나님께 열심히 분별력을 구해야 한다. 참가자들이 영적 성장에서 어떤 수준에 있는지, 그들이 다른 신자들의 죄를 지혜롭게 다룰 능력이 있는지를 판단할 수 있어야 한다.

지적과 고백은 비밀 유지와 연민이 보장된 경우에만 제대로 이루어질 수 있다. 비밀 유지와 연민은 책임감의 근간이다. 이런 영역에서 투명하고도 믿을 만한 신자는 더없이 강한 친교와 연합을 누릴 수 있다.

———————

주님의 제자

양성 모델

예수님이 세 가지 종류의 그룹을 대상으로 사역하셨다. 큰 그룹, 작은 그룹, 세 명의 그룹이다. 큰 그룹을 대상으로 한 사역에서는 많은 무리에게 산상수훈을 가르치신 일(마 5-7장)과 산 중턱에서 많은 무리를 먹이신 일이 있다. 또한 예수님의 죽음 이후 120명의 신자들이 그분의 이름으로 모였고(행 1장) 예수님이 이 땅에서 사역하실 때 72명이 파송되었다(눅 10장).[8]

예수님은 열두 명의 그룹을 불러 가족과 친구, 직장을 버리고 그분을 따르게 하셨다. 그 후 이 열두 제자의 그룹을 키우는 데 남은 시간을 집중적으로 투자하셨다. 유진 피터슨(Eugene Peterson)은 이렇게 말했다. "예수님이 사역의 10분의 9를 열두 유대인에게 집중시키셨다는 사실을 기억해야만 한다."[9]

예수님은 틈만 나면 세 제자와 함께 집중적인 훈련의 시간을 가지셨다. 이 세 제자는 베드로와 야고보, 요한이었으며(막 3:16, 17; 눅 6:14) 셋 다 어부였다(눅 5:10). 사복음서에서는 세 사람이 함께 다섯 번 등장한다.

- 베드로의 장모가 치유 받았을 때(막 1:29-31)
- 야이로의 딸이 되살아났을 때(막 5:37-42)
- 변화산에서 예수님과 함께(막 9:2)
- 예수님이 마지막 때의 사건들을 설명하신 감람산 설교 현장에서(막 13:3)
- 예수님이 재판을 받고 십자가에서 돌아가시기 직전 그분과 함께 겟세마네 동산에서(마 26:37)

성경 어디를 봐도 예수님이 어느 한 사람에게 지속적으로 일대일 제자훈련을 하셨다는 내용은 없다. 물론 예수님이 니고데모(요 3장)나 우물가의 여인(요 4장) 같은 개인들을 만나신 적은 있다. 하지만 이 모두는 어디까지나 일회적인 만남이었다. 물론 예수님이 요한과 친밀한 관계를 맺고 갈릴리에서 베드로를 회복시켜 주신 적이 있다(요 21장). 하지만 사복음서를 보면 예수님이 베드로와 야고보, 요한을 하나의 그룹으로 모아서 제자훈련을 하셨음을 분명히 확인할 수 있다. 오해하지는 말라. 일대일 제자훈련이 비성경적이거나 비효과적이라는 말이 전혀 아니다. 다만 가능하다면 한 명보다는 서너 명을 만나는 편을 권하고 싶다.

"일대일 멘토링 관계가 왜 문제인가? 예수님도 제자들을 둘씩 짝짓지 않으셨는가?" 물론 예수님이 그렇게 하신 적이 있다. 하지만 그때는 목적이 완전히 달랐다. 이번에도 솔로몬에게서 지혜를 배우자. "두 사람이 한 사람보다 나음은 … 한 사람이면 패하겠거니와 두 사람이면 맞설 수 있나니 세 겹 줄은 쉽게 끊어지지 아니하느니라"(전 4:9, 12).

세상에서 가장 지혜로웠던 사람에 따르면 둘도 좋지만 셋은 더 좋다.

몇 명이
모여야 할 것인가

그렇다면 제자화 그룹의 이상적인 규모는 무엇인가? 내 경험으로 볼 때는 예수님이 본을 보여 주신 것처럼 네 명 정도가 가장 바람직하다. 당신을 포함해서 다섯명 이상이면 너무 많고 세 명 이하면 너무 적다.[10]

또한 내가 경험해 보니 성별로 모이는 제자화 그룹이 가장 효과적이었다. 남성은 남성끼리, 여성은 여성끼리 모여야 한다. 남녀 혼합 그룹에서는 이야기하지 못할 주제와 문제가 많다. 부부가 함께 하나님의 말씀을 배우며 영적으로 성장하는 것은 좋지만, 제자화 그룹에서는 부부가 함께하면 여러 중요한 측면들이 제한을 받는다.

나도 나와 다른 한 명, 이렇게 둘이서 제자화 그룹을 해 봤지만 다섯 가지 이유로 별로 추천하지 않는다.[11] 첫째, 두 명으로 이루어진 그룹은 한 사람이 상대방의 공을 살살 받아주는 탁구 시합과 비슷하다.

"오늘 하루는 어땠나요?"

"좋았어요."

"이번 주에 성경을 읽고 깨달은 교훈이 있나요?"

"그냥 재미있게 읽었습니다."

이런 식으로 멘토가 멘티의 삶을 점검하는 방식으로 흐른다. 하지만 여러 명이 영적 성장의 길에 합류하면 혼자서 이끌어야 한다는 부담감이 사라진다.

둘째, 일대일 모델은 번식으로 이어지기가 힘들다. 사도 바울 앞에서의 디모데처럼 멘티가 멘토를 넘을 수 없는 산으로 여기기 쉽기 때문이다. 멘티가 1-2년 제자화 관계를 유지한 뒤에 멘토에게 "나는 당신처럼 다른 사람에게 해 줄 수는 없을 겁니다"라고 말할 수 있다. 앞서 말했듯이 제자화의 궁극적인 목적은 제자들을 양성할 수 있는 제자를 키워서 제자화의 길을 함께 걷는 것이다. 팀원들이 자신만의 제자화 그룹을 시작할 수 있다고 처음부터 자신하는 경우는 거의 없다. 열두 제자도 그랬다. 하지만 예수님은 그들에게 다른 선택의 여지를 남기지 않으셨다. 명심하라. 제자화 관계는 멘티가 멘토가 되기 전까지, 선수가 감독이 되기 전까지 완성되지 않는다.

셋째, 두 사람으로 이루어진 그룹은 상담 모임이 되기 쉽다. 리더가 매주 상대방의 개인적인 문제들을 해결해 주는 데 대부분의 시간을 쏟게 된다. 물론 개인적인 문제에 관한 성경의 지혜를 찾는 것도 분명 제자화의 한 부분이다. 하지만 매주 치유를 위한 조언만 나누는 것은 제자화의 본래 취지가 아니다.

넷째, 앞서 말했듯이 예수님은 그룹을 사용하셨다. 예수님은 열두 명에게도 투자하셨지만 베드로와 야고보, 요한, 이렇게 세 사람에게 특별한 관심을 기울이셨다. 물론 가룟 유다만 빼고 모든 제자가 죽기까지 예수님을 따랐다. 하지만 이 세 사람이 핵심적인 리더로서 초대 교회를 세워갔다.

솔로몬은 재정의 천재였다. 그 시대의 워렌 버핏(Warren Buffet)이라고 할 만했다. 월스트리트가 존재하기 2,500년 전에 이미 솔로몬은 분산투자의 가치를 알고 있었다(전 11:1-2). 지혜로운 사람들은 한 회사가 파산하면 전 재산을 날리지 않도록 한 종류의 주식에 모든 자금을 몰아넣지 않는다. 그들은 여러 주식과 채권에 나누어서 투자한다.

예수님은 분산투자의 가치를 알고 제자 양성에 적용하셨다. 조엘 로

젠버그(Joel Rosenberg)와 T. E. 코시(Koshy)는 이 점을 날카롭게 지적했다. "예수님이 3년 동안 가룟 유다만 제자로 키우셨다면 어떻게 되었겠는가? 그 많은 노력에도 불구하고 그분이 하늘로 돌아가실 때 그분의 유산과 메시지를 이어갈 사람은 아무도 없었을 것이다. 예수님은 단 한 사람에게만 투자하지 않고, 어부와 세리, 열성당원(정치 혁명가)을 비롯한 다양한 배경을 가진 사람들의 그룹에 투자하셨다."[12]

예수님은 열두 명에게 자신을 쏟으셨다. 여기서 우리는 그룹 방식의 제자 양성이 중요함을 배울 수 있다. 물론 일대일 관계가 유용할 때도 있다. 하지만 신약, 특히 사복음서에서 주된 제자훈련 관계는 일대일 관계가 아니었다.

바울도 선교 여행을 제자훈련의 기회로 삼으면서 비슷한 방식을 채택했다. 그는 혼자 다닌 경우가 별로 없었다. 그는 틈만 나면 바나바, 실라, 마가 같은 복음의 동역자들과 동행하면서 여러 명에게 분산적으로 투자했다. 그리고 자신의 마지막 편지에서 디모데에게 똑같은 접근법을 지시했다. "내 아들아 그러므로 너는 그리스도 예수 안에 있는 은혜 가운데서 강하고 또 네가 많은 증인 앞에서 내게 들은 바를 충성된 사람들에게 부탁하라 그들이 또 다른 사람들을 가르칠 수 있으리라"(딤후 2:1-2). 여기서 바울은 "내게 들은 바를 충성된 '사람들'(복수형)에게 부탁하라"라고 말했다. 그는 사역하는 내내 이런 접근법을 취했다.

마지막으로, 3-5명이 모이면 저절로 서로 책임을 지고 격려하는 역학이 형성된다. 내가 처음 시작한 제자화 모임에서 세 명 중 두 사람이 H.E.A.R 노트(10장에서 살펴보자)를 완성해서 처음 두 모임에 참석했다. 하지만 내 방식에 회의적이었던 한 사람은 숙제를 전혀 해 오지 않았다.

제자화 모임에 참여하기 전, 그는 성경을 읽지 않는 이유로, 이해하기가 어렵다고 말했다. 나는 열심히 참여하는 다른 두 사람을 가리키며 그 변명에 반박했다. "5일 동안만 해 보세요. 효과가 있는지 없는지는 한번 해 봐야 알 수 있잖아요."

다음 주에 그는 빙그레 웃으며 나타났다. "제가 이번 주에 하나님의 말씀에서 무엇을 배웠는지 들어보실래요?" 남들이 열심히 하는 모습을 본 그는 최소한 그들에게 걸림돌이 되지 말아야 한다는 생각을 하는 동시에, 자신도 분발해야 한다는 위기의식을 느끼게 되었다.

생각하기

3-5명으로 이루어진 그룹의 장점을 말해 보라(3-5개).
이 정도 크기의 모임은 어떤 단점이 있는가?

———

세쿼이아 나무의
비밀

샌프란시스코 바로 위쪽의 뮤어 우즈(Muir woods) 국립공원에는 숨 막히는 장관을 이루는 세쿼이아 숲이 있다. 하늘로 거의 80미터까지 치솟은 이 나무들은 지구상에서 가장 큰 생물로 여겨진다. 이 나무들 중 상당수가 최악의 풍랑을 견뎌내며 1,500년 이상을 살아왔다. 이 내구성의 비밀은 무엇일까? 뜻밖에도, 깊은 뿌리는 아니다. 이 나무의 뿌리는 땅

밑으로 겨우 1미터밖에 들어가지 않는다. 거대한 덩치에 비하면 극도로 얇은 뿌리다.

세쿼이아 나무가 꾸준히 성장할 수 있는 비결은 땅 밑에서 이루어지는 지지 시스템이다. 세쿼이아 나무들은 언제나 줄을 지어서 혹은 숲을 이루어서 자란다. 홀로 자라는 세쿼이아 나무는 단 한 그루도 없다. 이 나무들의 뿌리는 서로 얽혀 있다. 이것이 이 나무들이 수세기를 생존해 오는 비밀이다.

그리스도의 몸을 위한 훌륭한 교훈이 아닐 수 없다. 세쿼이아 나무가 홀로 자랄 수 없듯이 신자도 혼자 자랄 수 없다.

암송 구절
요한복음 13장 34-35절

Chapter 4

영적 훈련의 목표

영적 훈련을 하지 않으면
영적 분재가 된다

"망령되고 허탄한 신화를 버리고 경건에 이르도록
네 자신을 연단하라 육체의 연단은 약간의 유익이 있으나
경건은 범사에 유익하니 금생과 내생에 약속이 있느니라"
(딤전 4:7-8).

기적적인 효과를 낸다는 최신 운동기구들을 파는 홈쇼핑 광고를 한 번쯤은 본 적이 있을 것이다. 종류도 엄청 많다. 5분 동안 가장 먼저 문의 전화를 한 500명에게는 운동 DVD를 비롯한 온갖 사은품을 준다고 유혹하니 뿌리치기가 쉽지 않다.

옛 음악에 맞춰 땀을 흘리는 DVD든 의료진이 개발한 최신 운동기구나 쿵푸 비디오들은 모두 똑같은 약속을 던진다. 그대로 따라 하기만 하면 며칠 안에 몸이 만들어진다는 것이다. 하나같이 100프로 효과를 장담한다!

하지만 어떤 장비를 사든 어떤 방법을 따르든 건강을 유지하려면 스스로 열심히 노력해야만 한다. 꾸준히 노력하면 오래 살고, 병원비를 줄

이고, 생산성이 늘고, 잠을 더 잘 자고, 살을 빼고, 활력을 얻고, 더 건강하고 행복하고 자신감 넘치는 삶을 살 수 있다.

반면, 운동을 무시하면 삶이 피폐해지다 못해 끝날 수도 있다. 무슨 소리냐고 반문할 사람들을 위해서 경각심을 좀 불러일으키면 운동을 하지 않으면 심장발작, 심장질환, 우울증, 고혈압, 비만, 당뇨 위험이 크게 증가한다. 불면증과 무기력에 빠지기 쉽다. 혹시 보험에 가입할 수 있더라도 보험료를 더 많이 내야 한다. 분명 이렇게 말할 독자들이 있을 것이다. "그것이 영적 성장과 무슨 상관인가? 나는 운동에 관한 잔소리나 들으려고 이 책을 산 것이 아니다."

물어봐 줘서 고맙다. 성경은 우리가 몸을 훈련시키는 것처럼 내적 사람을 훈련시켜야 한다고 말한다. 예를 들어, 스포츠 팬인 바울은 다음과 같이 말한다.

> 망령되고 허탄한 신화를 버리고 경건에 이르도록 네 자신을 연단하라 육체의 연단은 약간의 유익이 있으나 경건은 범사에 유익하니 금생과 내생에 약속이 있느니라(딤전 4:7-8).

무슨 말인지 이해했는가? 영적 훈련이 육체적 훈련보다 더 중요하다는 뜻이다. 왜일까? 일단, 육체적 훈련처럼 영적 훈련은 '금생'에서도 도움이 된다. 육체적 훈련과 마찬가지로 영적 훈련을 소홀히 하면 삶에 온갖 부정적인 영향을 미친다. 기쁨과 평안, 행복을 잃고, 유혹 앞에서 약해져서 죄에 빠질 위험이 커지고, 자제력이 약해지고, 감정적으로 불안하며, 근심과 의심, 두려움, 불면증에 시달린다. 다 열거하자면 끝이 없다.

하지만 육체적 훈련은 '오직' 현재의 삶에만 도움이 된다. 반면 영적 훈련은 죽음 이후의 삶에도 도움이 된다. 영적 훈련을 무시하면 영원한 대가를 치러야 한다. 그래서 영적 훈련이 훨씬 더 중요하다. 바울의 말을 오해하지 말기를 바란다. 그의 말은 몸을 돌보는 일을 소홀히 해도 된다는 뜻이 아니다. 단지 영적 훈련을 열심히 해야 한다는 뜻이다.

생각하기

경건에 대해 정의해 보라.

————

믿음을
연습하라

살을 빼고 혈압이나 혈당을 낮추고 체력을 기르는 식으로 육체적 훈련에 목표가 있는 것처럼 영적 훈련에도 목표가 있다. 바울은 위의 구절에서 그 목표를 제시하고 있다. 우리가 영적으로 자신을 훈련시키는 목적은 경건이다.

다른 서신서에서 바울은 하나님의 은혜가 "경건하지 않은 것과 이 세상 정욕을 다 버리고 신중함과 의로움과 경건함으로 이 세상에 살"도록 우리를 훈련시킨다고 말했다(딛 2:11-12). 베드로는 그리스도의 재림을 기다리는 동안 거룩함과 '경건함'을 연습하라고 권면했다(벧후 3:11-12).

경건은 하루아침에 쉽게 얻을 수 있는 것이 아니다. 저자 제리 브리지스는 경건을 얻기 위한 수고가 필요하다고 지적했다. "(경건을 얻기 위한) 이 추구는 꾸준하고도 큰 노력을 요한다. 게으름과 무성의로는 어림도 없다. 요컨대, 경건을 크리스천 삶의 최우선사항으로 삼아야만 그것을 얻을 수 있다."[1]

자, 그래서 경건이란 무엇인가? 하나님을 닮는 것, 그리스도처럼 사는 것, 성령의 열매를 맺는 것이라는 식의 답변이 나올 수 있다. 물론 다 맞는 말이지만 이 모두는 경건의 의미를 온전히 담아내지 못한다.

노아의 조상 이름을 지루하게 나열한 족보에서 성경은 딱 한 사람에게 스포트라이트를 비춘다. 경건한 삶으로 대변되는 그 인물은 바로 에녹이었다.

> 에녹은 육십오 세에 므두셀라를 낳았고 므두셀라를 낳은 후 삼백 년을
> 하나님과 동행하며 자녀들을 낳았으며 그는 삼백육십오 세를 살았더라
> 에녹이 하나님과 동행하더니 하나님이 그를 데려가시므로 세상에 있지
> 아니하였더라(창 5:21-24).

이 구절은 에녹의 삶을 한 문장으로 정리한다. "하나님과 동행하더니 하나님이 그를 데려가시므로 세상에 있지 아니하였더라." 길이 기억되고 있는 동행이 아닐 수 없다. 하나님과 동행하던 사람이 갑자기 사라

져 하나님의 품에 안겼다.

믿음의 영웅들을 기록한 위대한 구절에서 에녹의 경건한 삶에 관한 또 다른 단서를 발견할 수 있다.

> 믿음으로 에녹은 죽음을 보지 않고 옮겨졌으니 하나님이 그를 옮기심으로 다시 보이지 아니하였느니라 그는 옮겨지기 전에 하나님을 기쁘시게 하는 자라 하는 증거를 받았느니라(히 11:5).

에녹은 하나님과 동행했고 그분을 기쁘시게 했다. 이런 특징은 경건함의 핵심이다. 그리스도와 동시대를 살았던 성경학자 필로(Philo)는 경건을 이렇게 정의했다. "하나님과 신적인 것들에 대한 올바른 태도, 하나님을 완전히 배제하지 않고 헛된 미신으로 전락하지 않는 태도, 하나님께 삶과 생각, 마음의 마땅한 자리를 내어드리는 태도이다."[2]

생각하기

에녹을 통해 경건에 대해 배울 것은 무엇인가?

———

경건을 위한
영적 훈련

영적 훈련의 목표는 경건이다. 자신을 영적으로 훈련시키면 불경하지 못한 모습과 세상적인 정욕이라는 불필요한 살이 빠지고 자제력, 옳음, 경건함이라는 근육이 키워진다. 바울은 골로새교회에 보낸 편지에서 이에 관해 더 구체적으로 들어간다.

> 이제는 너희가 이 모든 것을 벗어 버리라 곧 분함과 노여움과 악의와 비방과 너희 입의 부끄러운 말이라 너희가 서로 거짓말을 하지 말라 옛 사람과 그 행위를 벗어 버리고 새사람을 입었으니 이는 자기를 창조하신 이의 형상을 따라 지식에까지 새롭게 하심을 입은 자니라 거기에는 헬라인이나 유대인이나 할례파나 무할례파나 야만인이나 스구디아인이나 종이나 자유인이 차별이 있을 수 없나니 오직 그리스도는 만유시요 만유 안에 계시니라 그러므로 너희는 하나님이 택하사 거룩하고 사랑 받는 자처럼 긍휼과 자비와 겸손과 온유와 오래 참음을 옷 입고 누가 누구에게 불만이 있거든 서로 용납하여 피차 용서하되 주께서 너희를 용서하신 것 같이 너희도 그리하고 이 모든 것 위에 사랑을 더하라 이는 온전하게 매는 띠니라(골 3:8-14).

여기서 '벗다'와 '입다'란 표현에 주목하라. 여기서 사용된 헬라어 단어들은 실제로 옷을 벗고 입는다는 뜻의 단어들이다. 그만큼 이 구절은 생생한 이미지를 보여 준다. 우리는 악한 본성이라는 더러운 누더기만 걸친 채 영적으로 벗은 상태로 이 세상에 온다. 하지만 그리스도 안에서 새로운 피조물로서 우리는 그 더러운 속성들(분노 등)을 벗고 그리스도가 입으신 깨끗하고 반짝이는 속성들(긍휼과 자비, 겸손 등)을 입어야 한다.

하지만 이 표현들에서 우리는 또 다른 그림을 상상할 수 있다. '벗다'에 해당하는 헬라어는 히브리서 12장 1절에서 무거운 것을 벗어버린다는 표현으로 사용된 것과 같은 단어다. 헬라어 학자 케네스 웨스트(Kenneth Wuest)는 이렇게 말한다. "이 단어(무거운 것)는 '덩어리', 나아가 '여분의 살'을 의미하는 '오그콘'(ogkon)이다. 따라서 이 구절은 경기 전 거추장스러운 여분의 살(지방)을 제거하는 훈련 기간을 암시한다."[3]

무슨 말인지 알겠는가? 영적 훈련은 크리스천 삶이라는 경주를 위해 육신(옛 사람, 악한 본성)이라는 지방을 제거해 그리스도의 영광을 위한 날렵하고 경건한 선수가 되는 과정이다. 모든 신자는 경건을 이루기 위해 분투해야 한다.

계획을 세우고
계획대로 따르다

스물네 살 때 나는 앨라배마 주 모빌에 있는 파워하우스 헬스클럽(Powerhouse Gym)의 판매원으로 일했다. 내 일은 쇼핑몰과 회사들을 찾아가 잠재 고객들에게 헬스클럽 무료 이용권을 나눠 주는 것이었다. 사람들이 일주일 동안 시설을 이용하고 나면 회원으로 등록할 수 있다는 점을 노린 것이다. 그런데 대다수 무료 이용자들의 한 가지 공통점이 곧바로 눈에 들어왔다. 몇 번 운동하는 시늉을 하다가 이내 떨어져나갔다. 이유가 무엇이었을까? 단순히 무료 이용권에 혹해서 헬스클럽을 찾아온 사람들에게는 단지 몸을 만들어 볼까 하는 막연한 생각뿐 운동을 해야 하는 진짜 목적이 없었다.

그래서 접근법을 바꾸기로 했다. 그때부터 나는 찾아오는 사람들에게 목표와 식단, 스케줄을 포함한 상세한 계획을 세워 주었다. 그때부터 목적 없이 헬스클럽 안을 어슬렁거리는 사람들이 사라졌다. 나는 고객들에게 이렇게 물었다. "여기에 왜 계신 거죠?"

"네, 몸을 만들고 싶어서요."

"좋습니다. 그러면 몸을 만든다는 것이 무엇을 의미하죠?"

"아, 네, 살을 좀 빼고 싶습니다."

"몇 킬로그램이나 빼실 겁니까?"

"10킬로그램이요."

"일주일에 며칠이나 운동할 계획이십니까? 몇 시에 나오실 건가요? 어떤 식단을 유지하실 겁니까? 밤에 푹 자기 위해 스케줄을 어떻게 조정하실 건가요? 어떤 건강 보조제를 복용하실 생각이십니까?"

그렇게 목표를 정하고 계획을 세워 그 계획대로 따르고 나면 그 목표를 이루기 위해 회원으로 등록해서 꾸준히 운동하는 사람이 훨씬 많아졌다.

아무것도 겨냥하지 않으면 아무것도 맞힐 수 없다는 말이 있다. 하나님과의 동행도 마찬가지다. 많은 사람이 영적 성장에 필요한 훈련을 하지 않는 이유 중 하나는 애초 아무런 목표가 없기 때문이다.

우리의 목표는 경건이라는 사실을 늘 기억해야 한다. 도널드 휘트니(Donald Whitney)에 따르면 "방향 없는 훈련은 고역이다"[4] 목표 없는 성경 읽기와 암송, 기도, 금식은 무의미하다. 목표가 없으면 훈련은 아무런 열정 없이 시간만 때우는 것으로 전락할 수밖에 없다.

하지만 목표에 시선을 고정하면 노력할 만한 가치를 느낀다. 그런 사람 속에서는 하나님이 "자기의 기쁘신 뜻을 위하여 … 행하게" 하신다 (빌 2:13).

크리스천의 삶을 위한 영적 목표들을 갖고 있는가? 금년을 위한 영적 목표들을 기록해 두었는가? 그리스도의 영광을 위해서 어떤 사람이 되고 싶은가? 예를 들어, 종이에 이렇게 적어 보라. 나는 더 나은 남편 혹은 아내 혹은 아버지 혹은 어머니가 되고 싶다. 그리스도와 더 가까이 동행하고 싶다. 믿음이 성장했으면 좋겠다. 그리스도를 담대히 전하고 싶다.

생각하기

당신이 경건을 추구하는 목적은 무엇인가?

———

영적 변화를 위한
세 가지 도구

하나님은 자녀들을 경건하게 변화시키기 위해 주로 세 가지 도구를 사용하신다. 사람, 환경, 영적 훈련이 그것들이다. [5] 우리는 처음 두 가지 도구에는 수동적으로 참여하지만 세 번째 도구에는 적극적으로 참여한다.

사람

하나님은 우리를 그리스도의 형상으로 빚어가기 위해 다른 사람들을 사용하신다. 그런 의미에서 잠언 27장 17절은 이렇게 말한다. "철이 철을 날카롭게 하는 것 같이 사람이 그의 친구의 얼굴을 빛나게 하느니라."

사람은 우리를 영적으로 성장시키기 위한 하나님의 도구다. 하나님은 우리의 친구, 직장 동료, 상사, 가족들을 사용하신다. 배우자와 자녀, 고객, 목사, 찬양 사역자, 주일학교 교사들도 사용하신다. 심지어 우리의 적과 원수까지 사용하여 삶의 변화를 이끄신다.

환경

하나님은 사람만이 아니라 환경을 통해서도 우리의 성장을 도우신다. 로마서 8장은 우리에게 이 점을 일깨워 준다. "우리가 알거니와 하나님을 사랑하는 자 곧 그의 뜻대로 부르심을 입은 자들에게는 모든 것이 합력하여 선을 이루느니라."

하나님은 모든 것의 합력을 통해 우리의 선을 이루신다. 재정적인 어려움이나 육체적인 질병, 시련, 핍박, 실패, 심지어 날씨까지도 사용하여 우리를 예수의 형상으로 빚어가신다. 예를 들어 우리 부부는 허리케인 카타리나로 전 재산을 잃은 뒤에 하나님께 더 가까워졌다.

영적 훈련

하나님은 우리를 발전시키기 위해 영적 훈련도 사용하신다. 사람들과 환경은 우리의 밖에서 우리에게 영향을 미치지만 영적 훈련은 안에서부터 우리를 변화시킨다. 사람들 및 환경과 달리 영적 훈련은 전적으로 우리의 손에 달려 있다. 일부 환경이나 사람들에 대해서는 하나님이 보내 주실 때까지 기다려야 하지만 영적 훈련의 횟수와 강도에 대해서는 우리가 선택할 수 있다.

생각하기

하나님이 당신의 영적 성장을 위해 변화의 도구들을 어떻게 사용하셨는지 나열해 보라.

———

잠재되어 있는
제자 DNA

안타깝게도 많은 신자들이 영적 훈련을 하지 않는다. 영화 〈베스트 키드〉(The Karate Kid)를 본 적이 있는가? 다니엘(Daniel)이 미야기(Miyagi)의 차고에 갈 때마다 이 노인은 취미로 분재를 다듬고 있다.

대부분의 사람들은 분재가 원래부터 작다고 생각하지만 전혀 그렇지 않다. 이 작은 나무들도 제대로 큰 나무와 똑같은 DNA를 갖고 있다. 얼마든지 하늘 높이 치솟을 수 있다. 하지만 작은 화분 안에서 길러지는 탓에 30-60센티미터밖에 자라지 못한다. 환경이 이 나무들의 성장을 제한하기 때문이다.

우리도 적극적으로 영적 훈련을 하지 않으면 영적 분재가 된다. 우리 안에는 그리스도의 영적 DNA가 있다. 우리는 주님을 위해 저 높이 날아오를 잠재력이 있다. 하지만 영적 훈련을 무시하고 자신을 작은 화분 안에 두면 성장이 저해된다.

안젤로 시칠리아노(Angelo Siciliano)라고 하면 대부분의 사람들이 모른다. 하지만 그의 가명 찰스 아틀라스(Charles Atlas)는 많은 사람이 기억한다. 아틀라스는 1900년대 초중반에 보디빌더로 유명해졌다. 당시 가장 인기 있는 근육맨이었던 아틀라스는 주로 만화책을 통해 선전한 운동 프로그램 판매로 수백만 달러를 벌었다. 그의 광고에서 '몸무게 40킬로그램의 약골'은 몸집이 크고 강한 남자에게 괴롭힘을 당한 뒤에 여자 친구에게 조롱을 당한다. 이에 약골은 아틀라스의 프로그램을 주문해서 그대로 따른 뒤에 아틀라스만큼이나 늠름한 근육맨으로 변한다.

누구나 진정으로 원하면 찰스 아틀라스 못지않은 몸을 가질 수 있다. 문제는 대부분의 사람들이 진정으로 원하지 않는다는 것이다. 그래서 그 목표를 이루기 위해 필요한 훈련을 열심히 하지 않는다. 경건이라는 영적 목표도 마찬가지다.

이것이 바울이 우리에게 "경건에 이르도록 네 자신을 연단하라"라고 강권한 이유다(딤전 4:7). 영적으로 40킬로그램짜리 약골이 되지 말라! 적극적인 자세로 자신을 훈련시켜 경건함을 이루라.

이 세상에는 세 종류의 사람들이 있다. 일을 이루는 사람들, 일이 이루어지는 것을 구경하는 사람들, 되는 대로 살아가는 사람들이 있다. 영적 목표를 이루어가는 사람이 되라.

디모데전서 4장 7절을 더 자세히 살펴보자. 필립스 역본(Phillips Translation)은 이 구절을 이렇게 번역한다. "시간과 노력을 들여 영적 건강을 유지하라."[6]

구체적으로 어떻게 해야 할까? '훈련하다'나 '연단하다'는 '벌거벗고 연습하다'로 번역할 수 있다. 이에 해당하는 헬라어는 질질 끌리는 옷을 벗고 달리는 경기를 위한 훈련을 묘사하는 단어다. 이 헬라어 '굼나조'(gumnazo)에서 '체육관'(gymnasium)과 '체조'(gymnastics)란 영어 단어가 비롯했다. 육체적 훈련이 몸에 영향을 미치는 것처럼 영적 훈련은 내적 사람을 단련시킨다. 성경을 암송하는 훈련을 하는 것은 러닝머신 위를 달리는 것과도 같다. 하나님의 말씀을 읽고 기도 가운데 그분의 음성을 듣는 것은 근육 강화를 위한 벤치프레스와도 같다.

남이
대신할 수 없다

디모데전서 4장 7절의 연단 혹은 훈련이란 단어를 더 깊이 파헤쳐보면, 먼저 단수형 동사라는 사실을 발견할 수 있다. 이는 각 신자가 개인적으로 해야 한다는 뜻이다. 영적 성장을 남이 대신해 줄 수는 없다. 스스로 해야 한다.

이 단어는 능동태다. 따라서 우리는 성화 과정에서 적극적인 역할을 맡아야 한다. 물론 우리가 거룩해지도록 성령이 도우시지만, 악한 본성을 다스리기 위한 우리 자신의 능동적인 훈련을 통해서만 성장이 가능하다. 이 단어는 명령법이다. 이는 훈련이 선택의 문제가 아니라 필수적이라는 뜻이다.

예수님은 제자들에게 이런 훈련을 하라고 명령하실 뿐 아니라 직접 본을 보여 주셨다. 예수님이 다음과 같은 것을 하셨는가?

- 기도
- 아버지와 단 둘이 시간을 보내는 것
- 금식
- 아버지를 경배하는 것
- 복음을 전하는 것
- 하나님의 말씀을 암송해서 인용하는 것

사복음서를 읽어 보면 예수님이 늘 이런 것을 하셨다는 사실을 확인할 수 있다. 모든 복음서에 예수님이 영적 훈련의 본을 보여 주신 상황이 기록되어 있다. 하나님의 완벽한 아들이 이 땅에서 살 동안 영적 훈련을 하셨다면 악한 우리 인간들은 얼마나 더 열심히 이런 훈련을 해야 하겠는가.

예수를 본으로 삼는
영적 훈련

그렇다면 예수님이 본을 보여 주고 명령하셨는데 왜 더 많은 신자들이 영적 훈련을 하지 않는가? 나는 한 가지 이유가 특히 중요하다고 생각한다. 그것은 시간을 내서 그들에게 훈련하는 법을 가르쳐 준 사람이 아무도 없었기 때문이다. 성경을 읽어 보면 금식하고 기도하고 혼자 하나님의 임재 안에 거하는 시간을 갖고 예배하고 성경을 암송한 수많은 사례를 발견할 수 있다. 예수님의 청중들은 특별히 지침서를 받지 않아도 원래부터 이런 훈련을 실천하는 법을 알고 있었다. 왜일까?

1세기에 이스라엘에서 태어나서 자란 사람들은 어릴 적부터 이런 훈련을 배웠다. 그들에게 이런 훈련은 상식의 일부였다. 어릴 적부터 그들은 기도하고 성경을 암송하는 법을 배웠다. 또한 모든 사람이 금식을 준비하고 끝까지 버티고 올바로 마무리하는 법을 알고 있었다.

안타깝게도 현재 신자들의 상황은 그렇지 못하다. 다는 아니더라도 많은 신자들이 영적 훈련을 할 준비가 되어 있지 못하다. 한 가지 주의할 사항이 있다. 모든 영적 훈련을 이해하고 실천한다고 해서 무조건 믿음이 성장하는 것이 아니라는 사실이다.

나는 어릴 적부터 교회에 다니면서 성경을 처음부터 끝까지 다 읽었고 신약의 많은 구절을 인용할 줄 알지만 그리스도를 닮은 태도라고는 찾아볼 수 없는 신자들을 많이 만났다. 외적으로 하는 시늉이 아닌 내적인 영적 변화가 중요하다. 영적 훈련은 그 자체로 목적이 아니라 경건이라는 목적을 위한 수단이다.

영적 운동의
바람을 타다

이 책을 펴는 순간 당신은 영적 건강을 위한 여행을 시작했다. 때로는 우리의 힘으로만 고군분투하는 것처럼 느껴질 때가 있지만 당신 안에서 그리스도의 형상을 이루시는 분은 바로 하나님이시다.

우리의 힘으로는 영적 변화를 만들어 낼 수 없다. 오직 하나님만 하실 수 있다. 산헤드린 공회원이었던 바리세인 니고데모는 늦은 밤 예수님을 찾아와 지혜를 구했다. 그때 예수님은 이렇게 대답하셨다. "바람이 임의로 불매 네가 그 소리는 들어도 어디서 와서 어디로 가는지 알지 못하나니 성령으로 난 사람도 다 그러하니라"(요 3:8).

이 말씀은 무슨 뜻일까? 예수님은 바람이 어디든 원하는 방향으로 분다고 말씀하신다. 우리는 바람이 어디에서 와서 어디로 가는지 알지 못한다. 다만 그 영향만을 볼 뿐이다. 마찬가지로, 성령은 그리스도가 우리를 통해 역사하실 수 있도록 우리 안에서 역사하신다(골 1:29; 빌 2:12-13). 목사이자 작가인 존 오트버그(John Ortberg)는 실생활의 사례로 이 점을 설명한다.

> 이는 모터보트를 조종하는 것과 요트를 조정하는 것의 차이와도 같다. 모터보트는 우리 마음대로 조종할 수 있다. 연료를 채워 엔진에 시동을 걸면 우리 마음대로 간다. 하지만 요트는 전혀 다르다. 돛을 올리고 키를 돌려도 전적으로 바람에 의존할 수박에 없다. 바람이 배를 움직인다. 가끔 그렇듯 바람이 불지 않으면 우리가 아무리 애를 써도 배는 멈춰 있을 수밖에 없다. 우리가 할 수 있는 일은 바람을 타기 위해 최대한 노력하는 것이 전부다.[7]

다음 몇 주간 돛을 올려 바람을 타지 않겠는가? 나와 함께 영적 운동화를 신고 경건을 위해 속사람을 훈련시키지 않겠는가?

생각하기

속사람을 훈련시키기 위해 어떤 단계들을 밟아야 할까?
오늘 당신의 삶에서 무엇을 바꾸어야 할까?

―――――

암송 구절

디모데전서 4장 7-8절

―――――

GROWING UP

How To Be a Disciple Who Makes Disciples

예수의 명령에 '더 가까이'(C.L.O.S.E.R.)
가게 하는 제자화 DNA

제자화,
이렇게 시작하라

Chapter 5

기도로 하나님과 소통하라 (Communication)

천국의 문을
두드리라

"구하라 그리하면 너희에게 주실 것이요
찾으라 그리하면 찾아낼 것이요 문을 두드리라
그리하면 너희에게 열릴 것이니"(마 7:7).

"기도한 뒤에는 기도 외에 다른 것을 해도 좋다.
하지만 기도하기 전에는
절대 기도 외에 다른 것을 하면 안 된다."
_ A. J. 고든(Gordon)

나는 신앙의 여행을 처음 시작할 때부터 기도의 중요성을 충분히 이해하고 있었다. 하지만 첫 교회에서 목회를 시작하기 전까지만 해도 기도의 열정은 없었다.

어느 주일 아침, 조디(Jody)가 교회를 찾아왔다. 예배가 끝나고 그가 내게 함께 기도하지 않겠냐고 제안했다. 그는 다음날 아침 7시 30분에 맥도널드 주차장에서 만나자고 했다. 나는 당연히 커피와 햄버거를 먹으면서 잠시 이야기를 나누고 기도로 마칠 줄 알았다. 하지만 나의 착각이었다. 주차장에서 만난 조디는 나더러 자신의 차로 오라고 말했다. 그러고 나서 자신의 기도 파트너를 불렀고, 우리는 함께 차 안에서 기도를 드렸다.

그날 우리는 식당 안에 들어가지도 않고 주차장에서만 약 1시간 동안 기도를 드렸다. 기도를 마친 뒤 조디는 "자, 이제 다음 주에 만납시다. 같은 시간에 같은 장소에서요"라는 말로 모임을 마무리했다. 나는 내 차로 들어가면서 혼잣말을 속삭였다. "커피와 햄버거는 어떻게 된 거지?"

그때부터 4개월 동안 우리는 매주 월요일 아침 맥도널드 주차장에서 함께 기도를 드렸다. 그러다 나중에는 각자 스케줄이 바뀌어 직접 만나지 않고 전화로 기도 모임을 이어갔다. 이 특별한 시간에 남들과 은혜를 나누고 싶었던 우리는 무작위로 사람들에게 전화를 걸어 물었다. "오늘 무슨 기도를 해 드릴까요?" 그렇게 기도 제목을 들은 뒤에는 한목소리로 하나님께 간구했다.

시간이 지날수록 우리의 기도 방식은 변했다. 처음에는 단순히 간구하는 내용을 하나님께 나열했지만 점점 그분께 진정으로 중요하다고 판단되는 것들을 위한 기도에 초점을 맞추기 시작했다. 나는 기도에 관한 가히 혁명적인 사실을 하나 깨달았다. 기도할수록 나 자신이 변한다는 것이다. 내 욕구가 변했다. 내 우선순위가 변했다. 사고방식이 변했다. 내게 가장 중요한 것들을 더 이상 최우선으로 여기지 않게 되었다. 기도할수록 하나님은 내게 그분을 드러내셨고, 그럴수록 나 자신이 변하였다.

하나님께 가장 중요한 것들을 알려 달라고 기도해 본 적이 있는가? 자신이 원하는 것이나 필요한 것을 구하는 데는 재빠르지만 좀처럼 하나님이 원하는 것은 구하지 않는다. 우리는 하나님의 시각을 구하지 않고 자신의 시각에 따라 기도하는 경향이 있다. 기도하는 삶의 가장 큰 유익은 기도할수록 하나님의 영이 우리의 영과 소통하고 우리를 내면에서부터 변화시킨다는 것이 아닐까 싶다.

제자들에게
기도의 본을 보이시다

예수님은 이 땅에서 사역하는 동안 제자들에게 많은 것을 가르치셨다. 그런데 제자들이 먼저 예수님께 특정한 활동에 관해 가르쳐 달라고 요청한 것은 누가복음 11장에 기록된 사례가 처음이자 마지막이다. 성경은 이렇게 말한다.

> 예수께서 한곳에서 기도하시고 마치시매 제자 중 하나가 여짜오되 주여 요한이 자기 제자들에게 기도를 가르친 것과 같이 우리에게도 가르쳐 주옵소서(눅 11:1).

여기서 제자들이 묻지 '않은' 것들을 생각해 보자. 조직신학은 제자들의 관심사가 아니었다. 교회 성장과 리더십도 그들의 최우선 사항이 아니었다. 그들은 치유나 설교, 물 위를 걷는 것에도 관심이 없었다. 왜일까?

기도가 모든 것의 근원이라는 사실을 깨달았기 때문이다. 제자들은 수시로 하늘 아버지와 시간을 보내며 그분과 대화하는 예수님의 기도 생활을 보고 자신들도 그렇게 기도하기를 갈망했다. 예수님은 기도로 능력을 보이셨기 때문에 제자들은 기도를 배우기를 원했다. 자신들도 기도를 통해 더 큰 능력을 발휘하기를 원했다. 이에 예수님은 그 기회를 통해 제자들뿐 아니라 우리에게도 기도에 관해 가르쳐 주셨다.

기도하고,
또 기도하라

그 순간 제자들의 기분을 상상해 보라. 역사상 가장 위대한 기도의 용사에게 기도에 관한 비결을 배운다니! 장내가 조용해지고 모두의 시선이 예수님께로 집중될 것이다. 열두 명이 펜을 들고 노트를 편 채 예수님 주위로 빙 둘러앉은 모습을 머릿속에 그려 보라. 기도에 관한 장황한 강의를 예상하고 있었을지 모른다. 그런데 강의는 시작한 지 얼마 되지도 않아 끝나고, 예수님은 곧바로 다음 주제로 넘어가신다. 필시 제자들은 어리둥절한 표정을 지었을 것이다. "뭐지?"

예수님은 불과 몇 십 단어로 기도하는 법을 설명하셨다. 그런데 예수님이 말씀하신 것보다 말씀하시지 않는 것이 기도에 관해 더 많은 것을 말해 준다. 이 강의가 짧다는 사실에서 우리는 기도에 관한 가장 중요한 교훈을 얻을 수 있다. 바로 기도가 교실에서 배울 수 없는 것이라는 사실이다.

이 특강에서 가장 중요한 부분은 처음 세 단어다. "너희는 기도할 때에…." 기도는 세미나에서 배울 수 있는 것이 아니다. 기도는 기도에 대한 책을 읽어서 배울 수 있는 것이 아니다. 친밀하고도 효과적인 기도 생활을 기를 수 있는 길은 딱 하나밖에 없다. 기도하고 또 기도하고 또 기도하는 것이다.

교실에서 외국어를 공부해도 완전히 터득할 유일한 길은 계속해서 외국어로 말해 보는 것이다. 기도도 비슷하다. 실제로 기도를 해야 배울 수 있다. 기도는 경험적으로만 배울 수 있는 것이다. 예수님은 침묵을 통해 이렇게 말씀하신다. "잘 들어라. 기도는 기도하는 법에 관한 지식을 머릿속에 채우는 것이 아니다. 기도는 '실제로' 하는 것이다. 그러니 어서 기도하기 시작하라."

앤드류 머레이(Andrew Murray)는 《그리스도의 기도 학교》(With Christ in the School of Prayer)에서 이렇게 말했다. "기도에 관한 책을 읽고 기도에 대한 강의를 듣고 기도에 대하여 이야기를 하는 것은 좋은 일이지만 그렇게 해서 기도하는 법을 배울 수는 없다. 실제로 기도하지 않으면 아무것도 얻을 수 없다. 아름다운 음악을 연주하는 법에 관해서 음악 교수에게 1년 동안 들어도 악기를 연주할 수는 없다." 강력한 기도 생활은 실제로 기도할 때만 기를 수 있다.

생각하기

누가복음 11장 1절에서 기도하는 법을 가르쳐 달라는 제자들의 요청에 관해 생각해 보라. 그들은 무슨 이유로 이런 요청을 하게 되었을까? 어떻게 하면 당신의 기도 생활을 개선할 수 있을까?

———

아버지와

친구

많은 신자들이 기도의 본질을 제대로 이해하지 못해 효과적이고 만족스러운 기도 생활을 영위하지 못한다. 예수님은 아버지와 친구라는 두 단어를 통해 기도가 인격적이고 관계적이며 친밀한 것임을 가르쳐 주셨다. 예수님은 기도에 관한 가르침을 "아버지"라는 단어로 시작하고 마무리하셨다.

> 아버지여 이름이 거룩히 여김을 받으시오며(눅 11:2).

> 너희 하늘 아버지께서 구하는 자에게 성령을 주시지 않겠느냐(눅 11:13).

마태복음에 기록된 주기도문은 "우리 아버지"로 시작된다(마 6:9). 이는 우리가 하나님과 인격적 관계를 맺고 있음을 보여 준다. 그리스도를 영접하는 순간 우리는 하나님의 아들과 딸로 입양되었다. 아버지께서 우리를 그분의 가족으로 받아 주셨다. 이제 우리는 그분은 자녀이기 때문에 그분께 무엇이든 마음껏 요청할 수 있다.

바울은 아버지를 인격적으로 부를 뿐 아니라 애정을 담아 "아빠 아버지"라고 부르라고 가르쳤다(롬 8:15; 갈 4:6). 마가는 예수님이 인생에서 가장 어두운 순간 겟세마네 동산에서 하나님을 이렇게 친밀하게 불렀다고 기록한다. 우리의 기도 생활을 근본적으로 바꿀 수 있는 한 방법은 하나님을 "아빠"로 부르기 시작하는 것이다.

예수님은 주기도문을 주신 뒤에 하나님과의 관계에 대한 또 다른 교훈을 주셨다. 예수님은 우리가 이 진리를 온전히 이해할 수 있도록 세 친구에 관한 비유로 말씀해 주셨다.

> 너희 중에 누가 벗이 있는데 밤중에 그에게 가서 말하기를 벗이여 떡 세 덩이를 내게 꾸어 달라. 내 벗이 여행 중에 내게 왔으나 내가 먹일 것 이 없노라 하면(눅 11:5-6).

하나님은 우리의 벗 곧 친구시다! 이 비유 속의 남자가 한밤중임에도 친구를 깨워 도움을 요청하기를 조금도 주저하지 않았다는 점에 주목하라. 마찬가지로 우리도 하나님께 요청하기를 주저할 필요가 없다. 하나님은 언제라도 도울 준비를 하고 있는 우리의 참된 친구시다. 하나님께 도움을 요청할 일이 생기면 망설일 필요가 조금도 없다. 하나님은 절대 우리를 귀찮다고 뿌리치시지 않는다. 하나님은 우리에게 필요한 모든 것을 갖고 계시며, 그 모든 것을 우리에게 주기 원하신다.

주기도문을 통해
배우다

다들 살면서 주기도문을 암송해 본 적이 있을 것이다. 많은 교회에서 주기도문은 예배 순서 중 하나다. 물론 주기도문을 암송하는 것은 무의미한 형식으로 하지 않는 이상, 전혀 잘못된 일이 아니다. 하지만 예수님의 본래 의도는 전혀 달랐다. 우리가 주기도문이라고 부르는 것은 사실 기도의 틀이다. 혹은 기도의 뼈대라고도 할 수 있다. 실제로 기도할 때는 이 뼈대에 살을 붙여야 한다.

> 하늘에 계신 우리 아버지여 이름이 거룩히 여김을 받으시오며 나라가
> 임하시오며 뜻이 하늘에서 이루어진 것 같이 땅에서도 이루어지이다.
> 오늘 우리에게 일용할 양식을 주시옵고 우리가 우리에게 죄 지은 자를
> 사하여 준 것 같이 우리 죄를 사하여 주시옵고 우리를 시험에 들게 하
> 지 마시옵고 다만 악에서 구하시옵소서(나라와 권세와 영광이 아버지께 영원히
> 있사옵나이다 아멘)(마 6:9-13).

이 틀에서 예수님은 기도의 여섯 가지 요소를 보여 주셨다.

- 찬양: 하늘에 계신 우리 아버지여
- 목적: 뜻이 하늘에서 이루어진 것 같이 땅에서도 이루어지이다
- 공급: 일용할 양식을 주시옵고
- 용서: 우리 죄를 사하여 주시옵고
- 보호: 우리를 시험에 들게 하지 마시옵고 다만 악에서 구하시옵소서
- 찬양(다시) : 나라와 권세와 영광이 아버지께 영원히 있사옵나이다

이 기도가 하나님에 대한 찬양으로 시작되고 끝난다는 점에 주목하
라. 예수님은 친밀하고도 효과적인 기도라는 생명수로 뛰어드는 도약대
로서 이 기도를 주셨다. 이 모델을 사용한 기도의 실례를 보자.

찬양은 "아버지, 하늘은 당신의 보좌이며 땅은 당신의 발판입니다.
당신이 손수 저를 지으셨습니다. 당신은 제 어머니의 자궁 안에서도 저

를 아셨습니다. 오직 당신만이 예배를 받으시기에 합당합니다"라는 의미다.

목적은 "당신의 목적에 따라 모든 것이 합력하여 선을 이룹니다. 당신은 세상이 형성되기도 전에 저를 당신 아들의 형상으로 빚기로 작정하셨으니 저는 제 자신의 것이 아닙니다. 당신이 비싼 값을 치르고 저를 사셨습니다. 저를 당신의 길로 인도하고 바로잡아 주십시오. 제가 '주님, 제 뜻이 아니라 당신의 뜻이 이루어지게 해 주십시오'라고 고백할 수 있게 도와주십시오"라는 의미다.

공급은 "당신이 공중에 새들처럼 제게 필요한 것도 공급해 주시니 저는 아무런 걱정이 없습니다. 당신은 제 목자이시니 저는 부족함이 없을 겁니다. 제게 필요한 모든 것을 공급해 주실 줄 믿습니다. 저를 향한 당신의 신실하심은 더없이 크기 때문입니다. 당신은 저의 재정적인 상황을 제 회계사보다 더 잘 아십니다. 그러니 저는 아무런 걱정이 없습니다"라는 의미다.

용서는 "주님, 죄를 고백하면 용서해 주실 줄 믿습니다. 동이 서에서 먼 것처럼 제 죄를 멀리 옮기실 것입니다. 당신에게 지은 죄를 용서해 주십시오. 남들에게 잘못한 일이 있다면 깨우쳐 주셔서 바로잡을 수 있게 해 주십시오"라는 의미다.

보호는 "주님이 저와 함께하시니 저는 두려워할 것이 아무것도 없습니다. 당신의 오른손이 저를 붙들고 있습니다. 제가 지극히 낮은 골짜기에 있든 지극히 높은 산에 있든 당신은 절대 저를 떠나지도 버리지도 않으십니다. 하나님, 저를 절대 떠나지 않으시니 감사합니다. 저와 항상 함께해 주실 줄 믿습니다. 당신은 저의 반석이요 구원자이십니다. 당신이 저를 강하게 하시니 저는 당신을 통해 모든 것을 할 수 있습니다. 하나님, 당신이 저를 위하시면 그 무엇이 저를 대적할 수 있겠습니까"라는 의미다.

찬양은 "당신은 찬양과 경배를 받아 마땅하십니다. 당신의 거룩하신 이름을 찬양합니다. 아멘"이라는 의미다.

예수님이 알려 주신 기도에 당신의 구체적인 상황들을 더해서 기도하라. 하나님이 당신의 삶에서 어떤 찬양할 만한 역사를 행해 주셨는가? 당신에게 무엇이 필요한가? 어떤 시험을 마주하고 있는가? 당신의 죄는 무엇인가? 누구를 용서하기 힘든가?

주기도문을 통해 구체적으로 기도하라.

실천 사항

주기도문(마 6:9-13)을 당신의 언어로 다시 적어 보라.
당신의 상황을 반영해서 구체적으로 쓰라.

———

당신의 돌무더기는
얼마나 큰가

하나님은 우리의 건망증이 얼마나 심한지 알고서 우리 삶에서 나타난 그분의 역사를 최대한 오래 기억할 방법을 마련하셨다. 이스라엘 백성은 약속의 땅에 들어갈 기대에 부풀어 요단강둑 위에 서 있었다. 하지만 문제가 있었다. 거친 물살이 앞을 가로막고 있었다. 그러나 제사장들의 발이 물에 닿는 순간, 물길이 차단되었다. 마치 상류 어딘가에서 누군가가 수도꼭지를 잠근 것만 같았다. 덕분에 50만-2백만 명에 달하는 온 이스라엘 백성이 제사장을 따라 마른 강바닥으로 건너갈 수 있었다. 남은 백성 한 명까지 다 강을 건너고 나자 강이 다시 흐르기 시작했다. 하나님은 이스라엘 백성들을 약속의 땅으로 인도하겠다는 약속을 기적적인 방법으로 지키셨다.

요단강을 건넌 뒤 하나님은 이스라엘 열두 지파에서 각각 한 명씩 차출해서 돌무더기를 쌓게 하셨다. 이유가 무엇이었을까?

> 이것이 너희 중에 표징이 되리라. 후일에 너희의 자손들이 물어 이르되 이 돌들은 무슨 뜻이냐 하거든 그들에게 이르기를 요단 물이 여호와의 언약궤 앞에서 끊어졌나니 곧 언약궤가 요단을 건널 때에 요단 물이 끊어졌으므로 이 돌들이 이스라엘 자손에게 영원히 기념이 되리라 하라 하니라(수 4:6-7).

공책이나 컴퓨터, 태블릿이 없던 시대에 하나님은 돌무더기를 통해 그분의 초자연적인 개입에 대한 기억을 이스라엘 백성의 머릿속에 각인시키셨다. 예수님은 그들에게 이렇게 말씀하셨다. "내가 너희를 위해서 한 일을 잊지 말라. 내 신실함을 대대로 기억하라."

여호수아서를 보면 하나님은 계속해서 초자연적인 역사를 행하셨다. 그로 인해 이스라엘 백성은 일곱 번이나 기념 돌탑을 쌓았다.[1] 많은 사람이 자신의 삶에서 하나님의 역사가 나타나기를 위해 기도하지만 그 역사가 나타났을 때 기록하는 사람은 몇이나 될까? 하나님의 신실하심을 기록한 이런 영적 돌무더기들은 시련의 순간마다 우리의 믿음을 강하게 붙잡아 줄 것이다. 이런 기록들은 두고두고 찬양거리가 되어 줄 것이다. 하나님 나라의 백성에게 그분의 선하심을 잊는다는 것은 있을 수 없는 일이다.

하나님의 선하심을 기억하는 다른 방법은 기도 수첩을 기록하는 것이다(부록5 참고). 이스라엘 백성들이 하나님의 역사를 기념한 돌탑을 세웠던 것처럼(수 4장) 우리의 기도 수첩은 하나님의 신실하심을 두고두고 기억하며 그분의 선하심과 변함없는 사랑을 찬양하게 해 줄 것이다. 가족이 예수님을 믿는 것이든 자신이 하나님께 인도하심을 받는 것이든 모든 기도 제목을 기록하라.

기도 제목만 기록하지 말고 그 기도를 처음 한 날짜와 하나님이 응답해 주신 날짜도 기록하라. 이 활동은 반드시 필요하다. 응답된 기도에 스스로 기뻐하고 감사할 뿐 아니라 그 일을 통해 남들에게도 하나님의 선하심을 증언할 수 있기 때문이다. 기도 수첩을 남들에게 보여 주면 그들도 기도하는 삶에 동참하게 될 수 있다.

기도 수첩을 그룹 내에서 사용해도 좋지만 개인적인 기도와 묵상 중에 사용하면 그 유익이 이루 말할 수 없다. 게다가 자녀와 손자들에게 기도와 하나님의 신실하신 응답을 손수 기록한 책보다 더 좋은 유산이 또 있을까? 특히 그들을 위한 기도까지 포함된 책이라면 가히 가보로 삼을 만하다.

끈질기게
기도하라

성경은 예수님이 알려 주신 기도의 여섯 가지 요소 외에도 기도하는 법에 관해서 여섯 가지 명령을 하고 있다. 첫 번째 명령은 세 친구에 관한 예수님의 비유에서 발견된다.

> 내가 또 너희에게 이르노니 구하라 그러면 너희에게 주실 것이요 찾으라 그러면 찾아낼 것이요 문을 두드리라 그러면 너희에게 열릴 것이니
> (눅 11:9).

여기서 사용된 헬라어 동사의 형태로 볼 때 이 구절을 문자적으로 번역하면 "계속해서 구하라, 계속해서 찾으라, 계속해서 두드리라"가 된다. 쉽게 말해, 예수님은 우리에게 끈질긴 기도를 명령하셨다. 안타깝게도 이렇게 기도하는 크리스천은 매우 드물다. 대부분은 생각날 때 기도한다.

게으른 기도 생활을 하고 있는가? 기도가 영 응답되지 않아 기도할

137

의욕이 없는가? 그렇다면 계속해서 구하면 반드시 받게 된다는 예수님의 약속을 기억하라. 계속해서 구하고 찾고 두드리면 열릴 것이다. 그러니 하나님께 기도하다가 포기했다면 다시 생각하기를 바란다.

하나님이 응답하셔서 문이 열릴 때까지 끈질기게 기도해야 한다. 물론 무의미한 반복은 쓸데없다. 강한 열망에서 나온 기도여야 한다. 하나님이 모든 것이 합력하여 선을 이루게 하시는 줄 기억하면서 온 정성을 다해 끈질기게 부르짖어야 한다.

스코틀랜드는 존 녹스(John Knox)가 "주님, 제게 스코틀랜드를 주시지 않으면 죽겠습니다!"라고 끈질기게 기도한 덕분에 개혁되었다.[2] 우리는 바로 이런 강한 결단으로 기도해야 한다. '설교의 왕' 찰스 스펄전(Charles Spurgeon)은 이렇게 설명했다.

하나님은 엘리야에게 은혜를 베풀어 이스라엘에 비를 내릴 작정이셨지만 그럼에도 엘리야는 기도를 해야 했다. 선민이 번영하기 위해서는 사무엘이 간구해야 했다. 유대인들이 구원을 받기 위해서는 다니엘이 중보기도를 해야 했다. 하나님은 바울에게 은혜를 베풀어 그를 통해 열국을 회심시킬 작정이셨지만 그럼에도 바울은 기도를 해야 했다. 바울은 쉼 없이 기도했다. 그의 서신서들을 보면 그는 구하지 않고서는 그 무엇도 기대하지 않았다. 구하면 모든 것을 가질 수 있고 구하지 않으면 아무것도 가질 수 없으니 제발 기도가 얼마나 중요한지를 깨닫고 열심히 기도하기를 간곡히 부탁한다.[3]

하나님과 단 둘이,
세븐업 기도

"너는 기도할 때에 네 골방에 들어가 문을 닫고 은밀한 중에 계신 네 아버지께 기도하라 은밀한 중에 보시는 네 아버지께서 갚으시리라"(마 6:6).

이 북적대고 시끄럽고 바쁜 세상에서 어떻게 혼자서 조용히 기도할 수 있는가? 하나님과 단 둘이 보낼 시간을 어떻게든 내야 한다. 계획을 세우지 않는 것은 곧 실패를 계획하는 것이나 다름없다. 기도할 시간을 계획하라. 우리는 중요한 것을 중심으로 삶의 우선순위를 짠다. 자, 당신에게는 하나님과 단 둘이 보내는 시간이 우선사항인가? 얼마나 자주 정신없는 일상을 떠나 주님 안에서 쉼을 얻는가?

형편없는 기도 생활은 형편없는 계획의 결과다. '세븐업' 방식을 추천한다. 앞으로 7일간 매일 아침 자리에서 일어나자마자 7분 동안 기도해 보라. 7일간 7분씩이라고 해서 '세븐업'이다. 진행 상황을 확인하기 위해 기도를 시작한 시간을 기록하라.

할 수 있다는 자신감을 가지라. 정말로 할 수 있다! 하지만 사실, 기도할 때 7분은 생각보다 긴 시간이다. 이 도전을 받아들인 사람들은 대개 처음에는 이렇게 고백한다. "나 자신과 친구들, 가족들, 생각나는 모든 사람을 위해서 기도했다. 그러고 나서 족히 10분은 지났을 거라고 생각하고 눈을 떠서 시계를 보면 겨우 4분밖에 지나가지 않았다." 7분간 연속해서 기도해 본 적이 한 번도 없다면 처음에는 꽤 힘들 것이다. 그래도 포기하지 말고 계속해서 하다보면 7분은 곧 10분, 20분, 그 이상으로 늘어날 것이다.

생각하기

일찍 일어나서 기도하기 위해서 스케줄을 어떻게 바꿔야 할까?

————

정확하고 구체적으로
아버지께 구하라

"너희 중에 아버지 된 자로서 누가 아들이 생선을 달라 하는데 생선 대신에 뱀을 주며 알을 달라 하는데 전갈을 주겠느냐 너희가 악할지라도 좋은 것을 자식에게 줄 줄 알거든 하물며 너희 하늘 아버지께서 구하는 자에게 성령을 주시지 않겠느냐 하시니라"(눅 11:11-13).

이 구절에서 주된 원칙은 하나님이 자녀가 원하는 것을 기꺼이 주시는 사랑 많은 아버지라는 것이다. 그런데 여기에 간과하기 쉬운 두 번째 원칙이 있다. 예수님의 비유에서 아들은 구체적으로 요청했고 아버지는 정확히 아들이 요구한 것을 주었다. 아들이 생선을 요청하면 생선을 주고 달걀을 요청하면 달걀을 주었다.

같은 메시지의 이전 부분에서도 예수님은 구체적인 기도의 원칙을 보여 주셨다. 한밤중에 친구를 찾아간 남자는 "먹을 것 좀 꿀 수 있는 가?"라고 묻지 않았다. 심지어 "떡을 좀 꾸어 주게"라고 말하지도 않았다. 그는 구체적으로 요청했다. "벗이여 떡 세 덩이를 내게 꾸어 달라"(눅 11:5).

야고보는 이렇게 말했다. "너희가 얻지 못함은 구하지 아니하기 때문이요"(약 4:2). 기도는 하지만 하나님께 구체적으로 구하지는 않는 사람이 많다. 그들은 늘 막연하게 기도한다.

> "하나님, 모든 사람이 구원받게 해 주세요."
> "모든 선교사님들에게 복을 주세요."
> "병자들을 치료해 주세요."
> "제 모든 죄를 용서해 주세요."
> "제 모든 필요를 채워 주세요."

기도할 때는 구체적으로 누가 구원 받기를 원하는지 이름을 부르며 기도하라. 구체적으로 선교사들의 이름을 부르짖으며 기도하라. 당신이 아는 환우나 교회 기도 제목 목록에 있는 병자, 혹은 당신이 아는 사람과 관계가 있는 아픈이를 위해서 기도하라. 죄를 구체적으로 고백하라. 하나님께 정확히 무엇이 필요한지를 아뢰라.

그렇지 않으면 우리의 기도에 하나님이 응답하셨는지 확인할 길이 없다. 막연한 기도는 무기력한 기도이며, 사람들을 진정으로 사랑하시는 하나님에 대한 모욕이라고까지 말할 수 있다. 하나님은 구체적인 기도를 통해 그분의 위대한 역사에 동참하라고 말씀하고 계신다.

믿음을 가지고
자신 있게 기도하라

기도 응답의 큰 걸림돌 중 하나는 기대감 없이 기도하는 것이다. 기도하면서도 과연 하나님이 들어주실 수 있을까, 혹은 들어주실까 하는 의심을 품은 적이 있는가? 야고보는 이런 기도에 관해 경고했다.

오직 믿음으로 구하고 조금도 의심하지 말라 의심하는 자는 마치 바람에 밀려 요동하는 바다 물결 같으니 이런 사람은 무엇이든지 주께 얻기를 생각하지 말라 두 마음을 품어 모든 일에 정함이 없는 자로다(약 1:6-8).

예수님은 변화산에서 내려와 귀신 들린 아들로 인해 괴로워하는 남자를 마주치셨다. 제자들이 이 소년을 고치지 못한 바람에 그 아버지는 예수님께 다가와 도움을 구했다.

주여 내 아들을 불쌍히 여기소서 그가 간질로 심히 고생하여 자주 불에도 넘어지며 물에도 넘어지는지라 내가 주의 제자들에게 데리고 왔으나 능히 고치지 못하더이다(마 17:15-16).

하나님의 능력을 받을 수 있으면서도 아이 하나 고치지 못하는 제자들 앞에서 예수님은 노하셨다. 예수님의 물음이 끝난 뒤에 그 아버지는 이렇게 대답했다. "내가 믿나이다 나의 믿음 없는 것을 도와주소서"(막 9:24). 상황이 종료된 뒤 제자들은 예수님께 자신들이 무기력했던 이유를 물었다. 그러자 예수님은 그들의 불신을 지적하며 꾸짖으셨다. 제자들이 무기력했던 것은 믿음이 없었기 때문이다.

하나님의 역사를 기대하면서 기도하는가? 아니면 그냥 기도하는 시늉만 하고 있는가? 성경을 보면 하나님은 그분의 뜻과 목적에 따라 역사하시지만(롬 8:28) 동시에 우리에게 기도로 그분을 찾으라고 명령하신다(눅 11:9; 마 7:7). 야고보의 말을 기억하라. "너희가 얻지 못함은 구하지 아니하기 때문이요"(약 4:2).

또한 기도의 목적은 하나님께 뭔가를 받기 위함만이 아님을 기억하라. 기도는 우리를 변화시킨다. 기도 중에 하나님과 오랜 시간을 보내다가 내 기도 제목이 변한 경우가 많다. 하나님이 역사하실 줄 기대하면서 기도하라. 하나님이 그분의 뜻과 타이밍에 따라 응답하실 줄 전적으로 믿으면서 기도하라.

생각하기

하나님이 당신의 시간표대로 응답해 주시지 않아 기도를 그만둔 적이 있는가?

───────

하루 종일
끊임없이 기도하라

세상과 떨어져 하나님과 단 둘이 시간을 보내는 것도 중요하지만, 그것이 유일한 기도 방법은 아니다. 성경에서 가장 짧은 구절 중 하나는 기도의 진정한 핵심을 가르쳐 준다. 그 구절은 바로 데살로니가전서 5장 17절이다. "쉬지 말고 기도하라."

많은 사람이 이 간단한 명령을 읽고서 고개를 갸우뚱거린다. "이게 어떻게 가능해? 모든 일을 손에서 놓고 하루 종일 기도할 수는 없잖아." 예로부터 적잖은 사람들이 이 구절을 극단적으로 받아들여 금욕적인 생활방식을 선택했다. 즉 그들은 바깥사회와 단절된 채 아무것도 하지 않고 오로지 기도만 했다.

그것은 이 구절의 의미가 아니다. 또한 예수님이나 신약의 어떤 신자들도 그런 생활을 하지는 않았다. 오히려 이것은 예수님과 제자들이 본을 보여 준 삶과 정반대다. 그렇다면 이 구절의 의미는 무엇인가? 어떻게 하면 쉬지 않고 기도할 수 있을까?

앞서 말했듯이 매일 공식적이고도 집중적인 기도 시간을 갖는 것이 중요하다. "우리 아버지"로 기도를 시작해서 "예수님의 이름으로 기도드립니다. 아멘"으로 끝나는 것이 좋다. 하지만 이는 우리가 항상 따라야 하는 규칙은 아니다.

쉬지 않고 기도하려면 "우리 아버지"로 하루를 시작해야 한다. 즉 하나님과 연결된 뒤에 종일 그 연결 상태를 유지해야 한다. 그러다가 하나님의 인도하심이 필요하면 즉시 요청한다. 지혜가 필요하면 즉시 구한다. 시험이 찾아오면 즉시 구해 달라고 SOS를 요청한다. 누군가가 자꾸 도발해서 입을 다물고 있기가 힘들 때는 자제심을 달라고 기도한다. 누군가에게 도움을 받으면 하나님께 감사를 드린다.

매일 "우리 아버지"로 시작해서 "예수님의 이름으로 기도드립니다. 아멘"으로 하루를 마치라. 그리고 그 사이에 종일 하나님과 대화하라.

일상의 모든 일에 하나님을 포함시키라. 지혜, 힘, 방향, 악에서의 구원, 무엇이 필요하든 하나님을 부르라. 남들의 필요도 성령이 떠오르게 해주시는 대로 하나님께 아뢰라. 좋은 일이 생기면 지체하지 말고 하나님께 감사하라. 틈만 나면 하나님을 찬양하고 사랑한다고 고백하라. 모든 기쁨과 슬픔을 그분께 아뢰라. 바로 이것이 쉬지 않고 기도하는 것의 의미다.

누구를 위해
기도할 것인가

주기도문은 하나님의 성품으로 시작된다. 마찬가지로, 많은 시편이 하나님의 거룩하심과 의로우심, 주권, 사랑을 선포하면서 시작된다. 하나님께 관심을 집중시킨 뒤에는 기도를 가장 필요로 하는 사람을 위해 기도하라. 그 사람은 바로 당신이다. 남들을 돕기 전에 먼저 당신이 하나님과 화목해야 한다.

그 다음에는 배우자나 자녀, 부모 같은 가장 가까운 사람들을 위해 기도하라. 그 뒤에는 교회 식구, 친구, 직장 동료들을 위해 기도하라(부록 11의 기도 가이드를 참고하라).

성경 구절로 기도하는 습관을 기르라. 성경에 있는 실제 기도를 사용해도 좋고, 하나님의 성품과 약속, 사랑에 관한 성경의 선포를 사용해도 좋다. 사도행전과 서신서들에는 우리 삶에 적용할 수 있는 사도 바울의 기도가 많이 실려 있다(엡 1:15-23, 3:14-21; 골 1:11-14).

액츠(A.C.T.S)라는 간단한 공식으로 기도 생활을 하는 사람이 많다. 액

즈는 예배(adoration), 고백(confession), 감사(thanksgiving), 탄원(supplication)의 알파벳 첫 글자들을 합친 것이다. 이 형식을 사용해도 좋다. 가장 중요한 것은 기도가 우리와 아버지, 우리와 친구 사이의 자연스럽고도 편안한 대화라는 사실을 기억하는 것이다. 너무 부담스럽게 생각할 필요가 없다. 그냥 하면 된다!

실천 사항

하나님과 멀어져 있는 주변 사람 세 명을 정해서 몇 주간 기도하라. 그들에게 점심식사를 대접하며 그들의 영적 상황에 관한 대화를 해 보라.

———

삶의 가지를 치고
기도와 말씀에 집중하다

최근 내가 기도에 사용하는 시간을 돌아보다가 하나님께 너무 죄송하다는 생각을 했다. 오해하지 말고 들어주길 바란다. 나는 목사인 만큼 매일 기도한다. 아침에 눈을 뜨자마자 기도하고, 매일 밤 두 아들을 재우기 전에 함께 기도한다. 매일 함께 기도하는 기도 파트너도 따로 있다. 수많은 일로 여러 사람과 기도한다. 이 모든 시간을 합해 보니 내 기도 생활에 관한 뿌듯함이 밀려왔다. 하지만 내가 기도하는 시간을, 텔레비전을 보고 인터넷 서핑을 사용하는 시간과 비교하는 순간, 내 뿌듯함은 저 멀리 달아나버렸다.

텔레비전을 보고 인터넷 서핑을 하고 페이스북에서 남들의 인생을 관찰하고 비디오게임을 하는 것은 시간낭비다. 이런 것은 전혀 생산적인 활동이 아니다.

잠시 생각해 보라. 리얼리티 쇼의 마지막 회를 놓친다고 무슨 큰일이 나는가? 서바이벌 리얼리티 쇼 최종 승자의 이름을 알아서 당신의 삶이 조금이라도 더 풍성해졌는가?

우리의 시간을 잡아먹는 것에는 영화, 드라마, 음악, 스포츠 등이 있다. 자신이 응원하는 팀이 우승할 때의 기쁨은 그때뿐이다. 2006년 월드 시리즈에서 어느 팀이 우승했는지 기억나는가? 영원의 관점에서 이런 것은 전혀 중요하지 않다.

당신이 온라인 동영상 보기나 트윗 읽기, 페이스북 댓글 정독, 인터넷 서핑, 사진 올리기, 온라인 쇼핑몰 구경, 요리법 웹사이트 구경, 게임에 허비하는 시간을 생각해 보라. 이런 활동 자체가 잘못되었다는 뜻이 아니다. 다만 이런 활동에 '허비하는 시간'을 생각해 보라.

성경은 시간을 최대한 활용하라고 명령한다(엡 5:16). 심판의 날 예수님이 우리가 이런 활동에 얼마나 많은 시간을 허비했는지 따지시지는 않을까? 나는 그러지 않을까 생각하고, 그렇게 된다면 우리는 그분 앞에서 대답을 해야만 한다.

잠시 실험해 보라. 머릿속에 세로선 하나를 그으라. 선 왼편에는 한 주간 기도와 말씀 읽기에 사용한 시간을 적고, 오른편에는 텔레비전과 인터넷 같은 오락거리에 사용한 시간을 적어 보라. 자, 가슴이 답답하지 않은가? 나는 무척 답답했다.

우리는 그리스도와의 관계가 왜 성장하지 않는지 답답해한다. 왜 삶에서 하나님의 역사를 더 경험하지 못하는가? 왜 현대 교회들에 하나님의 임재와 능력이 가득하지 않은가?

답답해만 말고 행동하라. 행동 없는 불만족은 무가치하다. 형편없는 기도 생활은 형편없는 계획에서 비롯한다. 먼저 어떤 것들이 당신의 시간을 잡아먹고 있는지 확인하라. 그 다음에는 그것들을 가차 없이 제거하라. 그래서 남은 시간을 기도와 말씀 공부에 투자하라.

많은 크리스천이 종려주일과 부활절로 가는 40일 동안 금식과 회개, 영적 훈련의 기간인 사순절을 지키면서 그리스도의 고난을 묵상한다. 금년에 나는 40일 동안 텔레비전을 켜지 않기로 결심했다. 스포츠와 영화, 드라마, 뉴스를 완전히 끊었다.

그 40일만큼 주님을 가까이 느꼈던 적은 없었다. 그 기간에 하나님의 선하심과 은혜를 경험한 일이 너무 많아 밤새도록 간증해도 모자랄 정도다. 물론 미디어를 금식한 그 40일 전에는 하나님이 나와 함께하시지 않았던 것은 아니다. 하나님은 늘 나와 함께하셨다.

문제는 내가 하나님의 음성을 제대로 듣지 않았다는 것이다. 다른 것들로 인해 내 마음과 영혼이 무뎌져 하나님의 음성을 분명히 듣지 못했다.

실천 사항

가장 좋아하는 전자 장치나 활동을 한동안 끊어 보라.
그런 것을 할 시간에 말씀과 기도에 파묻히라.

_____

암송 구절

빌립보서 4장 6-7절

_____

Chapter 6

말씀을 배우고 삶에 적용하라(Learn)

황금을
캐라

"너는 진리의 말씀을 옳게 분별하며
부끄러울 것이 없는 일꾼으로 인정된 자로
자신을 하나님 앞에 드리기를 힘쓰라"

(딤후 2:15).

"성경은 통 이해할 수가 없어."

성경 말씀을 읽지 않는 사람들이 흔히 하는 변명이다. 하지만 진정한 신자에게는 이보다 더 틀린 말이 없다.

크리스천으로서 우리와 하나님의 관계는 우리와 성경의 관계와 서로 불가분하다. 곧 성경을 떠나서는 하나님을 알 수 없다는 말이다. 나아가 하나님은 크리스천의 삶에 대해 알아야 할 모든 것을 성경에서 밝혀 주셨다. 우리는 하나님 말씀의 진리를 통해서만 "범사에 그에게까지 자랄" 수 있다(엡 4:15). 성경은 하나님이 우리를 통해 이루시려는 모든 선한 일을 할 수 있게 만들어 준다(딤후 3:17). 하나님의 말씀을 떠나서는 그리스도의 참된 제자가 될 수 없다. 성경 없이는 신앙이 자랄 수 없다.

성경을 이해할 수 없다는 사탄의 거짓말에 속지 말라. 하나님이 그토록 공들여 말씀을 주시고 왜 우리로 하여금 그것을 이해하지 못하게 하시겠는가?

그럼에도 많은 진실한 신자들이 성경을 펴면 막막함을 느낀다. "성경을 어떻게 이해할 수 있는가?" "성경의 진짜 의미를 어떻게 알 수 있는가?" "성경공부를 어떻게 해야 하는가?" 모든 신자가 이런 질문을 한 번쯤은 해 보았을 것이다. 그래서 이번 장에서는 성경을 어떻게 공부해서 구절들의 정확한 의미를 알 수 있는지 살펴보고자 한다.

성경에는
하나님이 부여하신 뜻이 있다

성경의 의미를 이해하는 것에 관해서 교회 안에 위험한 두 극단이 존재한다. 수세기 동안 어떤 이들은 당신과 나 같은 보통 사람들은 성경을 이해할 수 없고 오직 그리스도의 특별한 대표들인 교회의 수장들만 성경을 해석할 수 있다고 주장했다. 그들에 따르면 일반인들은 성경을 읽으려고 시도해서도 안 된다.

스펙트럼의 반대편 끝에는 성경에 정해진 의미가 없다고 주장하는 무리가 있다. 그들에 따르면 성경의 의미는 전적으로 주관적이다. 우리가 특정한 상황에서 특정한 구절이 특정한 의미라고 생각하면 그것이 성경의 의미가 맞는다는 것이다.

단도직입적으로 말하자면, 하나님이 성경에서 하신 말씀은 모두 분명한 뜻으로 하신 말씀이다. 성경의 모든 장, 모든 구절, 모든 단어에는

하나님이 인간을 통해 쓰실 때 부여하신 의미가 있다. 성경에 대한 하나
님의 말씀을 들어보라.

먼저 알 것은 성경의 모든 예언은 사사로이 풀 것이 아니니 예언은 언
제든지 사람의 뜻으로 낸 것이 아니요 오직 성령의 감동하심을 받은 사
람들이 하나님께 받아 말한 것임이라(벧후 1:20, 21).

우리는 모든 성경 구절을 하나님이 무슨 뜻으로 말씀하신 것인지 이
해할 수 있다. 물론 우리가 성경을 잘 이해하도록 돕기 위해 그리스도는
우리에게 목사와 교사들을 주셨다(엡 4:11-15). 하지만 각 사람에게는 성령
이라는 훨씬 더 큰 선물을 주셨다. 성령이 우리가 성경을 이해하도록 도
와주신다.

우리가 세상의 영을 받지 아니하고 오직 하나님으로부터 온 영을 받았
으니 이는 우리로 하여금 하나님께서 우리에게 은혜로 주신 것들을 알
게 하려 하심이라 우리가 이것을 말하거니와 사람의 지혜가 가르친 말
로 아니하고 오직 성령께서 가르치신 것으로 하니 영적인 일은 영적
인 것으로 분별하느니라 육에 속한 사람은 하나님의 성령의 일들을 받
지 아니하나니 이는 그것들이 그에게는 어리석게 보임이요 또 그는 그
것들을 알 수도 없나니 그러한 일은 영적으로 분별되기 때문이라(고전
2:12-14).

진정한 신자라면 누구나 구원을 받는 순간 성령이라는 놀라운 선물

을 받는다. 성령이 말 그대로 우리 안에서 오셔서 거하신다. 예수님은 성령이 해 주시는 놀라운 일 가운데 하나가 모든 진리로 인도하시는 것이라고 가르쳐 주셨다. 성령은 그리스도의 것들을 우리에게 밝혀 주신다(요 16:13-14). 우리는 인간의 개입 없이도 성령의 도우심으로 성경을 이해할 수 있다.

성경을 펼 때의 우리 목표는 해당 구절에서 하나님이 의도하신 의미에 도달하는 것이다. 신학에서 이 과정을 '해석학'(hermeneutics)이라고 부른다. 뭔가 거창해 보이지만 단순히 성경을 설명 혹은 해석한다는 뜻이다. 해석하다는 뜻의 헬라어 동사는 예수님이 엠마오 도상의 가르침에서 사용되고 있다.

> 이에 모세와 모든 선지자의 글로 시작하여 모든 성경에 쓴 바 자기에 관한 것을 자세히 설명하시니라(눅 24:27).

다른 역본에서는 이 단어를 '해석하다'로 번역하고 있다. 해석학에는 많은 원칙이 있고, 이런 원칙을 다룬 좋은 책들이 많이 나와 있다. 크리스천으로서 성장하면서 이런 책들을 사서 성경 해석에 관한 기술을 익히면 좋다(부록10의 추천 도서 목록을 참고하라). 하지만 성경을 스스로 이해하기 위해서 이 모든 기술을 터득할 필요는 없다. 몇 가지 기본적인 기술만 익혀도 성령의 도우심으로 성경 구절이 어떤 의미이며 자신의 삶에 어떻게 적용되는지 충분히 분간할 수 있다.

귀납적 성경 연구법(Inductive Bible Study Method)은 오랫동안 하나님의 말씀을 이해하기 위한 표준 방식으로 사용되었다. 관찰, 설명, 적용으로 이루어진 이 세 단계 과정은 성경학자 케이 아더(Kay Arthur)의 책 *How to Study the Bible*(성경을 연구하는 법)을 통해 널리 퍼졌다.[1] 이 접근법을 따르면 우리의 의견이나 생각이 아닌 말씀 자체의 사실들에 따라 텍스트를 이해할 수 있다. 성경을 연구할 때 우리의 목표는 자신의 생각을 텍스트에 억지로 갖다 붙이는 것이 아니라 텍스트의 본래 의미를 도출하는 것이다.

성경 구절은 삶에 여러 방식으로 적용될 수 있지만 모든 구절은 하나님이 인간을 통해 주실 때 의도하신 단 '하나의' 의미를 갖고 있다는 점을 잊지 말아야 한다. 해석은 하나, 적용은 여럿이라는 원칙을 늘 기억하라.

생각하기

하나님 말씀을 이해하기 어려웠던 적이 있는가?
그래서 성경 읽기를 그만두고 싶었는가?

———

배경 이해는
카메라 줌 기능을 사용하는 일이다

독자의 시각이 성경 텍스트의 의미를 결정한다는 착각에 빠진 사람이 많다. 착각도 그런 착각이 없다. 성경 해석의 기본 원칙은 '원저자가 의도한 의미를 찾아내는 것'이다. 저자는 성령의 감동으로(벧후 1:21) 텍스트의 의미를 정한 상태에서 성경을 썼다. 성경을 공부하는 학생으로서 우리의 역할은 원저자가 원 청중에게 전달하려고 했던 메시지를 밝히는 것이다. 오늘날이라고 해서 텍스트가 처음 쓰일 때와 다른 것을 의미할 수는 없다.

저자가 의도한 의미를 이해하기 위한 열쇠는 배경을 파악하는 것이다. 진술이나 구절의 배경은 간단히 말해 그것이 말해지거나 쓰인 상황을 말한다. "성경을 해석하고 적용할 때 배경이 매우 중요하다. 배경이 의미를 결정하는 것은 성경 해석의 가장 중요한 원칙이라고까지 말할 수 있다."[2]

구절의 배경에는 전후 구절이 포함된다. 더 많은 전후 구절을 읽을수록 해당 구절을 더 잘 이해할 수 있다. 예를 들어, 요한복음 3장 16절을 이해하려면 요한복음 3장 15절과 17절을 읽는 것이 좋다. 하지만 요한복음 3장 16절을 제대로 이해하려면 3장 전체를 읽어야 한다. 물론 여기서 끝이 아니다. 배경은 해당 장에만 국한되지 않는다. 요한이 자신의 복음서 전체에서 어떤 시각으로 그리스도의 생명을 제시하고 있는지 이해하면 요한복음 3장 16절을 훨씬 더 분명히 이해할 수 있다.

나아가, 예수님이 해당 구절을 원래 누구에게 말씀하신 것인지 조사해야 한다. 니고데모는 율법에 따라 살고 숨 쉬던 바리새인이었다. 요한복음 3장 16절에서 예수님은 이 율법주의자에게 구원은 행위가 아닌 믿음으로 이루어진다는 점을 강조하셨다. 14절과 15절을 함께 보면 예수님이 니고데모에게 다가올 십자가 죽음을 가리키는 것임을 알 수 있다. 따라서 구원하는 믿음은 우리의 죄를 위한 그리스도의 대속의 죽음에 대한 믿음을 의미한다.

요지를 이해하겠는가? 구약에서 시작해서 신약까지 성경은 생각과 단어, 문장, 장들을 하나의 논리 흐름을 엮은 태피스트리라고 할 수 있다. 이것이 텍스트의 의미를 파악하는 과정에서 배경을 중심에 두어야 하는 이유다. 성경의 모든 구절은 주변 구절들, 포함된 책, 구약 혹은 신약, 그리고 성경 전체의 메시지와 연결되어 있다. 또한 배경에는 원래 어떤 시대와 상황에서 누구에게 쓰거나 말한 것인지도 포함된다.

배경을 찾아내는 것은 카메라의 줌 기능을 사용하는 것과 비슷하다. 줌 아웃을 할수록 더 많은 것을 볼 수 있다. 구절이나 문장의 의미를 온전히 이해하려면 전체 그림을 볼 수 있을 만큼 충분히 줌 아웃을 해야 한다.

동물학자들은 동물을 진정으로 이해하려면 자연적인 서식지에서 연구해야 한다는 점을 알고 있다. 생물학 수업에 개구리를 해부했던 기억이 나는가? 이 징그러운 작업에 무덤덤하게 임하는 학생은 거의 없다. 대부분이 흥분하든가 구역질을 한다. 개구리의 배를 열어 사방으로 찢으면 몸이 어떻게 기능하는지가 드러난다. 하지만 해부는 개구리가 어떻게 살아가는지에 대해서는 아무것도 밝혀 주지 못한다. 해부만 해서는 개구리가 어떻게 새끼를 낳아 기르고 어떻게 우는지를 제대로 알 수 없다. 개구리를 제대로 알기 위해서는 서식지인 연못가로 돌려보내야 한다. 원래 사는 환경에서만 개구리의 진짜 삶을 분명히 확인할 수 있다. 같은 이치로, 성경 텍스트도 원래 쓰일 당시의 환경 곧 배경을 조사해야만 비로소 제대로 이해할 수 있다.

성경 구절을 올바른 배경 속에서 연구하면 원저자가 원청중에게 전달하려고 했던 의미를 발견할 수 있다. 반면, 배경을 제대로 파악하지 못하면 의미를 오해할 가능성이 높다. 텍스트를 원래의 배경에서 빼내면 엉뚱하게 해석할 수 있다. 전형적인 예가 "하나님이 없다"라고 말하는 시편 14편 1절이다. 하지만 전체 구절을 보라.

어리석은 자는 그의 마음에 이르기를 하나님이 없다 하는도다 그들은
부패하고 그 행실이 가증하니 선을 행하는 자가 없도다(시 14:1).

배경을 보면 뜻이 완전히 달라진다.

생각하기

왜 배경이 해석에 중요한가?
배경을 고려하지 않으면 어떻게 되는가?

범죄 현장을 살피듯

성경을 관찰하라

귀납적 성경 연구법의 첫 단계는 '관찰'이다. 해당 텍스트에 익숙해
지려면 읽고 또 읽어야 한다. 런던 웨스트민스터채플(Westminster Chapel)
을 목회했던 G. 캠벨 모건(Campbell Morgan)은 내가 좋아하는 옛 설교자 중
한 명이다. 모건은 설교 원고를 쓰기 위해 펜을 들기도 전에 성경책을
'50번'이나 읽었다고 한다. "나'는 텍스트를 몇 번이나 읽어야 하는가?"
답은 간단하다. 그 말씀이 영혼 깊이 스며들 때까지 읽으면 된다.

해당 텍스트가 익숙해진 다음에는 육하원칙의 질문(누가 무엇을 언제 어
디서 왜 어떻게)으로 텍스트를 분석하라. 이 질문들로 관찰하는 예를 몇 가
지 들어보자.

- 누가 저자인가?

- 누가 청중인가?

- 누가 이 텍스트의 주연들인가?

- 이 텍스트 안에서 무슨 일이 벌어지고 있는가?

- 이 텍스트에서 키워드들은 무엇인가?

- 이 구절의 배경은 무엇인가?

- 어떤 중요한 비교나 대조가 보이는가?

- 어떤 사건들이 벌어지고 있는가?

- 이런 사건이 어디서 벌어지고 있는가?

- 이런 사건이 왜 일어났는가?

- 이 텍스트가 왜 쓰였는가?

- 이런 사건이 어떻게 전개되고 있는가?

이 연구 단계는 수사관이 증거를 수집하는 것과도 같다. 해당 구절에서 사소한 것 하나도 놓치지 않기 위해 '범죄 현장'을 철저히 조사하라. 다음 단계는 그렇게 찾은 것들을 분석해서 핵심적인 통찰들에만 집중하는 것이다. 그 전에는 최대한 많은 사실을 파악하는 것이 중요하다.

질문을 사용해
의미를 설명하라

다음 단계는 관찰 단계에서 수집한 사실들을 연구하는 것이다. 이 사실들에서 성경적인 진리가 나올 것이다. '신학적 원칙'이라고 부르는 이 진리는 저자가 원 청중에게 전달했던 진리를 요약한 것이다. 듀발(Duvall)과 헤이즈(Hays)는《성경 해석》(Grasping God's Word)에서 모든 신학적 원칙이 충족시켜야 할 다섯 가지 기준을 제시했다.

1. 그 원칙이 텍스트 안에 분명히 반영되어 있어야 한다.
2. 그 원칙은 시대를 초월하고, 특정한 상황에 국한되지 않아야 한다.
3. 그 원칙은 특정 문화에 국한되지 않아야 한다.
4. 그 원칙은 성경 나머지 부분의 가르침과 일치해야 한다.
5. 그 원칙은 성경 시대 청중과 현대 청중에게 모두 적용되어야 한다. [3]

관찰 단계에서처럼 의미를 찾기 위한 일련의 질문들을 사용하는 것이 좋다. 나는 다음과 같은 질문을 유용하게 사용하고 있다. 이런 질문을 던지면 어떤 구절이든 그 안에 담긴 신학적 진리를 찾는 데 도움이 될 것이다.

- 핵심 용어들이 무엇을 의미하는가?
- 이 구절들 혹은 문장들이 서로 어떤 관련이 있는가?
- 이 구절이 그것이 포함된 책 전체의 더 큰 이야기와 어떻게 연결되는가?
- 이 구절이 성경 전체와 어떻게 연결되는가?
- 이 구절이 그리스도를 어떻게 보여 주는가? 그리스도에 관해서 어떤 말을 하는가?
- 성경 시대 청중과 나 사이에 어떤 차이점이 있는가?

연구를 하는 내내, 성경의 토씨 하나까지 다 하나님의 영감으로 쓰인 것이라는 사실을 기억하라. 하퍼 성경 사전(Harper's Bible Dictionary) 같은 좋은 성경 사전은 성경의 단어들을 이해하는 데 큰 도움이 된다. 번역된 단어 보다 원어를 보는 것이 저자의 본래 의도를 파악하는 데 더 효과적이다.

생각하기
해석 과정에서 관찰과 설명이 왜 필수적인가?

———

성경을 삶에
바르게 적용하라

성경은 단순히 배워야 할 책이 아니라 삶으로 살아내야 할 책이다. 하나님이 성경을 통해 바로 '당신'에게 하시려는 말씀이 있다. 성경 안에는 충성스럽게 실천하면 당신의 삶을 변화시킬 수 있는 진리가 있다. 이것을 텍스트의 적용이라고 한다. 텍스트를 실제로 삶에 적용했을 때 처음 두 단계에서 노력한 실질적 보상을 얻게 된다.

성경을 적용하는 것은 하나님의 진리를 자신의 특정한 상황에 비추어 보는 것이다. 그렇게 하면 배운 것을 어떻게 사용해야 할지 이해할 수 있다.[4] 성경에서 핵심 개념들을 찾아낸 것에서 그쳐서는 안 된다. 그 진리들이 우리 삶에 어떻게 적용되는지까지 알아내야 한다. 성경을 배우는 목적은 성경 지식을 쌓는 것이 아니다. 단순히 지식을 머릿속에 채우기 위해서만 성경을 읽어서는 곤란하다. 성경에서 우리 삶을 변화시킬 교훈을 얻어야 한다. 야고보는 자신의 서신서에서 성경을 배우기만 하고 자신의 삶에 적용하지 않는 것의 위험성을 경고했다.

> 너희는 말씀을 행하는 자가 되고 듣기만 하여 자신을 속이는 자가 되지 말라 누구든지 말씀을 듣고 행하지 아니하면 그는 거울로 자기의 생긴 얼굴을 보는 사람과 같아서 제 자신을 보고 가서 그 모습이 어떠했는지를 곧 잊어버리거니와(약 1:22-24).

무슨 말인지 알겠는가? 하나님 말씀을 삶에 적용해서 순종하지 않는 것은 거울 속 자신의 모습에서 흠을 보고서도 고치지 않고 그냥 살아가는 사람과도 같다. 얼굴에 음식물이나 먼지가 묻는 것을 보고도 씻지 않고 그냥 화장실을 나가는 사람이라니! 조금이라도 체면을 생각하는 사람이라면 더러운 얼굴로 돌아다니지는 않을 것이다. 마찬가지로, 자신을 생각하는 사람이라면 하나님 말씀이 무슨 말을 하는지 판단해서 적용하려고 노력할 것이다(성경을 적용하고 그리스도의 명령에 순종하는 주제에 관해서는 9장에서 자세히 살펴보도록 하자).

하나님 말씀의 변화시키는 능력은 하나님을 기쁘시게 하기 위한 동기와 방향을 제공함으로 우리의 영적 삶을 성장시킨다. 단, 이 능력은 우리가 성경을 올바로 해석할 때만 발동된다.[5]

성경공부의 궁극적인 목적은 그리스도를 더욱 닮는 것이다. 하나님은 삶의 모든 것이 합력하여 이 목적을 이루게 하신다(롬 8:28-29). 따라서 하나님 말씀에서 배운 것을 예수님처럼 변해 가는 일에 적용하는 단계가 반드시 필요하다.

성경 구절이나 문장이 우리 삶에 어떻게 적용되는지 판단하는 데 다음과 같은 질문이 도움이 된다.

텍스트 안에 이미 적용이 나와 있는가?

어떻게 살아야 할지에 관한 명령이나 권면이 있는가?

이 성경 원칙이 오늘날에는 무엇을 의미할까?

이 구절을 내 삶에 어떻게 적용할 수 있을까?

그렇게 하면 내 삶이 어떻게 변할까?

이 성경 원칙이 하나님과의 동행에 어떤 도움이 될까?

이 과정 내내 성령의 도우심이 필요하다는 사실을 늘 잊지 말기를 바란다. 앞서 말했듯이 성령은 성경의 모든 진리를 깨우쳐 주신다. 그러니 용기를 내라! 하나님이 무슨 말씀을 하시는지 알아내는 이 여행에서 당신은 전혀 혼자가 아니다. 성령의 도우심으로 얼마든지 당신은 하나님의 말씀을 이해하고 삶에 적용할 수 있다.

너희는 주께 받은 바 기름 부음이 너희 안에 거하나니 아무도 너희를 가르칠 필요가 없고 오직 그의 기름 부음이 모든 것을 너희에게 가르치며 또 참되고 거짓이 없으니 너희를 가르치신 그대로 주 안에 거하라 (요일 2:27).

성경 해석의
좋은 예

자주 오해와 그릇된 적용의 대상이 되는 익숙한 성경 구절 하나를 관
찰하면서 연습해 보자. 사도 바울은 빌립보교회에 보낸 편지의 말미에
이렇게 말한다.

내게 능력 주시는 자 안에서 내가 모든 것을 할 수 있느니라(빌 4:13).

배경을 무시하고 성급하게 적용할 때 성경을 잘못 해석하는 일이 흔
히 발생한다. 이 구절도 그런 식을 자주 곡해되고 있다. 이 구절은 예로부
터 사람들이 수만 가지 상황에서 인용해 왔다. 특히 운동선수들이 초인적
인 경기력을 얻기 위해 이 구절을 자주 의지하는 듯하다. 하지만 과연 이
것이 이 구절을 올바로 적용하는 것인가? 이것이 바울이 성령의 감동으로
이 구절을 쓸 때 원래 의도한 바인가? 이에 대해 어떻게 알 수 있을까?

먼저 빌립보서 4장 13절을 여러 번 읽으라. 그런 다음에는 빌립보서
의 저자와 원독자들이 누군지 알아내라. 바로 알아내기 힘들다면 성경

사전이나 스터디 바이블, 성경 주석을 참조하면 쉽게 확인할 수 있을 것이다. 기독교 서점 어디를 가나 이런 자료가 비치되어 있다. 교회 목사에게 추천을 부탁해도 좋다. 이번 경우에는 앞에 답이 나와 있다. 빌립보서는 바울이 빌립보교회를 독자로 삼아 쓴 책이다.

그 다음에는 이 구절에서 핵심적인 단어나 어구를 찾으라. "능력 주시는." "자 안에서." "모든 것." 이제 앞뒤 구절들이 포함되게 줌 아웃을 해서 바울이 이 진술을 한 배경을 확인하라.

이 텍스트에서 최대한 모든 것을 관찰한 뒤에는 2단계로 넘어가라. 즉 이 텍스트에 관한 사실들을 설명하고 해석하라. 바울이 이 말을 왜 했는가? "내가 모든 것을 할 수 있느니라"라는 말은 구체적으로 무엇을 이야기하는가? 배경이 의미를 결정하기 때문에 이번에는 좀 더 집중해서 주변 구절들을 다시 읽어 보라.

> 내가 주 안에서 크게 기뻐함은 너희가 나를 생각하던 것이 이제 다시 싹이 남이니 너희가 또한 이를 위하여 생각은 하였으나 기회가 없었느니라 내가 궁핍하므로 말하는 것이 아니니라 어떠한 형편에든지 나는 자족하기를 배웠노니 나는 비천에 처할 줄도 알고 풍부에 처할 줄도 알아 모든 일 곧 배부름과 배고픔과 풍부와 궁핍에도 처할 줄 아는 일체의 비결을 배웠노라 내게 능력 주시는 자 안에서 내가 모든 것을 할 수 있느니라(빌 4:10-13).

이전 구절들에 "모든 것"의 의미를 밝혀 주는 진술이 있는가? 그렇다. 바울은 인생의 풍파와 지독한 가난이라는 학교에서 더없이 귀한 만족의 비결을 배웠다. 그는 많이 가졌을 때만큼이나 가진 것이 거의 없을 때도 깊은 만족을 누렸다. 이 사실이 "모든 것"이란 표현의 배경을 형성한다. 여기에 "능력 주시는"과 "자 안에서"라는 단서를 덧붙이면 "모든 것"의 의미가 분명해진다.

바울은 오늘날 이 구절을 인용하는 사람들이 흔히 주장하는 것과 같은 주장을 펼친 것이 아니다. 바울은 예외 없이 뭐든 할 수 있는 능력을 말한 것이 아니다. 자신이 초인적인 능력을 지니고 있다고 주장한 것이 아니다. 바울은 힘의 근원이 그리스도라고 선포한 것이다. 그리스도가 그에게 모든 상황에서 만족할 능력을 주셨다. 그의 만족은 상황에 좌지우지되지 않고 철저히 그리스도와의 관계에서 비롯했다. 그리스도로 인해 그는 가진 것이 많든 적든 만족할 수 있었다. "모든 것"은 그가 처한 모든 상황을 지칭한다.

자신에게 능력을 주시는 분 안에서 모든 것을 할 수 있다는 말은 그리스도를 위해서라면 아무것도 없이 살 수 있다는 뜻이다. 아울러 바울은 우리가 흔히 필요하다고 생각하는 것들 중에 불필요한 것들이 많다는 점도 은근히 지적하고 있다. 이것이 이 구절에 대한 올바른 해석이다.

그렇다면 오늘날 빌립보서 4장 13절을 어떻게 적용할 수 있을까? 옛 시대를 현시대에 연결시킴으로 도출한 신학적 원칙은 "바울의 만족 비결은 그리스도에 대한 절대적인 의지였다"가 될 수 있다. 이에 대한 실질적인 적용은 이와 같다. "그리스도께 시선을 집중하면 어떤 상황도 견뎌낼 수 있다." "세상적인 것들이 아닌 그리스도가 내 능력의 근원이시기 때문에 나는 어떤 상황에서도 번영할 수 있다."

기술을 터득하기 위한

연습

시간과 노력을 들여 이런 단계를 밟고 있다면 하나님이 성경을 통해 하시려는 말씀을 점점 더 정확히 이해할 수 있게 될 것이다. 어느 기술과 마찬가지로 성경을 해석하는 기술도 터득하려면 연습을 필요로 한다. 그러니 포기하지 말라! 노력할수록 실력이 늘 것이다. 오래지 않아 노력한 열매를 거두고, 하나님의 말씀을 공부하는 시간이 인생에서 가장 즐거운 시간 중 하나가 될 것이다. 곧 다윗처럼 고백하는 자신을 발견하게 될 것이다.

"내가 주의 법(말씀)을 어찌 그리 사랑하는지요 내가 그것을 종일 작은 소리로 읊조리나이다"(시 119:97).

생각하기

요한복음 14장 14절을 읽고 배경에 관한 원칙들을 사용하여 당신의 삶에 어떻게 적용할지 파악해 보라.

————

암송 구절

디모데후서 3장 16-17절

————

Chapter 7

순종하라(Obey)

**예수님이 명령하신 일을 할 때만큼
그분과 가까운 때도 없다**

"너희가 나를 사랑하면
나의 계명을 지키리라"
(요 14:15).

19세기 철학자 키르케고르(Soren Kierkegaard)는 오리 목사의 설교를 듣기 위해 오리 교회로 뒤뚱거리며 가는 오리 교인들에 관한 우화를 이야기 했다. 그날 아침, 오리 목사는 하나님이 주신 비행 능력에 관해 열정적으로 설교를 전했다. "이 날개 덕분에 여러분은 어디든 못 갈 곳이 없습니다. 하나님이 주시는 일 중에 여러분이 하지 못할 일은 없습니다. 이 날개면 하나님의 품까지 날아오를 수 있습니다."

오리들이 장내가 떠나갈 듯 "아멘!" 하고 꽥꽥거렸다. 예배를 마치고 오리들은 너무 은혜로운 설교였다는 말을 주고받으며 집으로 '뒤뚱거리며' 돌아갔다. 오리 목사는 하늘을 날라고 목청이 터져라 외쳤건만 오리 교인들은 조금도 변하지 않았다.

이 우화는 교회들의 현주소를 정확히 지적하고 있다. 안타깝게도 많은 사람이 교회에 와서 열심히 찬양을 부르고 설교에 귀를 쫑긋하고 나서, 처음과 완전히 똑같은 모습으로 집에 돌아간다. 삶에 아무런 변화가 나타나지 않는다.

달라스 윌라드(Dallas Willard)의 《잊혀진 제자도》(The Great Omission)는 한 가지 비유로 시작된다.

> "이웃이 자동차에 문제가 있다고 하면 우리는 당연히 뭔가 고장이 났다고 생각한다. 실제로 그럴 수도 있다. 하지만 이웃이 가끔 가솔린에 물을 섞었다면 자동차가 가지 않거나 가다 말다 하는 문제에 대해 자동차 자체나 제조사를 탓할 수는 없다. 자동차는 주인 맘대로 정한 상황하에서 작동되도록 만들어지지 않았다. 따라서 우리는 주인에게 자동차에 올바른 연료만 넣으라고 권할 것이다. 조금만 수리해서 올바른 연료만 넣으면 자동차는 다시 잘 굴러갈 가능성이 있다."[1]

교회는 새신자들에게 성장을 위한 엉뚱한 연료를 제공한다. 아니, 어떤 경우에는 아예 연료 자체를 제공하지 않았다. 문제는 교회의 설계자나 그분의 계획에 있지 않다. 문제는 그분의 운동을 이끄는 리더들, 즉 목사들에게 있다. 목사들이 제자화를 제대로 강조하지 않는 것이 문제다. 제자화에 관한 저술을 선도하고 있는 빌 헐은 이렇게 말했다. "예수님이 사람들을 제자로 삼으라고 분명히 명령하셨는데도 우리가 제자 양성을 사역의 중심에 놓지 않으니 참으로 이해하기 힘든 노릇이다."

예수의

최대 관심사

BC22-10년 헤롯은 그리스도의 탄생지에서 50킬로도 채 떨어지지 않은 해변 도시인 가이사랴에 거대한 원형 경기장을 건설했다(<그림2>를 보라). 화강암 기둥으로 지탱되는 이 웅장한 건축물은 이 종류로는 세계 최초였으며, 무려 3,500-4,000명의 관중을 유치할 수 있었다. 100퍼센트 확신할 수는 없지만 대부분의 역사학자들은 예수님이 이 도시를 방문한 적이 있을 것이라고 추정한다. 고고학자들은 최소한 예수님이 이 원형 경기장을 아셨을 것이라 확신한다.

〈그림2〉

예수님이 현시대의 교회의 목사였다면 필시 이 거대한 건축물의 존재를 큰 기회로 여겼을 것이다. 지역 신문에 이런 광고가 대문짝만하게 났을 것이다. "지상 최대의 집회. 절뚝발이가 걷고 맹인이 보고 귀머거리가 듣고 죽은 자가 일어나는 기적. 남녀노소 모두 와서 육신을 입은 하나님을 만나보라."[2]

그런 예수님이라면 제자들에게 전단지를 들려 전국의 모든 마차에 붙이게 했을 것이다. 전단지에는 역대 최대의 부흥 집회라는 문구가 적혀 있었을 것이다. 몇 주간 밤마다 사람들이 경기장을 가득 메웠을 것이다. 매일 밤 수많은 사람이 연단 앞으로 나와 영접 기도를 하고 등록 카드에 인적사항을 적고 서명을 했을 것이다.

하지만 예수님은 그렇게 하시지 않았다. 예수님도 가끔 많은 무리 앞에서 메시지를 전하셨지만 대규모 사역은 그분의 최우선 사항이 아니었다. 그분의 최대 관심사는 열두 명의 남자였다. 그렇다. 예수님은 열두 명의 남자가 그분의 명령에 순종하도록 훈련시키는 데 일생을 바치셨다.

말씀이

우리 안에 들어올 때까지

안타깝게도 요즘 많은 신자들이 순종에는 별로 관심이 없다. 기도문을 외우거나 천국의 한 자리를 확보하기 위해 영접 기도를 드리는 것이 기독교의 전부인 것처럼 구는 신자들이 너무도 많다. A. W. 토저(Tozer)는 이렇게 말했다. "복음주의 기독교 전반에 심각한 이단이 퍼졌다. 널리 퍼진 이 이단은 단지 구원자가 필요해서 그리스도를 영접해도 되고, 그분을 주님으로 모셔 순종하는 것은 얼마든지 미루어도 좋다는 관념이다 … 순종 없는 구원이란 개념은 성경 어디에도 없다."

진정한 구원하는 믿음은 그리스도의 명령에 대한 순종으로 이어진다. 물론 그 명령에는 사람들을 제자로 삼으라는 명령도 포함된다. 십자가로 가는 길에 예수님은 제자들을 위해 기도하셨다. 예수님은 단순히 열두 제자만이 아니라 나중에 그분을 따를 모든 사람을 위해 기도하면서 하나님께 담대히 선포하셨다. "아버지께서 내게 하라고 주신 일을 내가 이루어 아버지를 이 세상에서 영화롭게 하였사오니"(요 17:4).

예수님이 아버지께 받으신 일은 무엇이었을까? 십자가 희생이라고 대답할 사람이 많을 것이다. 하지만 틀렸다. 이 기도는 예수님이 십자가에 달리기 전에 드린 기도이기 때문이다. 그 시점에서 예수님이 십자가의 대속을 이루었다고 말씀하실 수는 없다. 이 구절의 배경을 보면 답을 찾을 수 있다. 예수님이 받으신 일은 제자들을 훈련시키는 것이었다. 요한복음 17장에 기록된 주님의 기도는 제자 양성에 관한 강력한 설교다.

리로이 아임스(Leroy Eims)는 《제자 삼는 사역의 기술》(The Lost Art of Discipleship)에서 이렇게 말한다. "이 기도문을 유심히 읽어 보면 기적이나 무리에 관한 언급은 없다. 대신 그분은 하나님이 주신 사람들만 40번 언급하셨다."

예수님은 프로그램이 아닌 사람들에게 투자하셨다. 물론 예수님은 무리에게 말씀하기도 하셨지만 어디까지나 열두 명과 삶을 함께 사셨다. 따라서 예수님이 이 땅을 떠나시기 전 제자들에게 그분의 본을 따라 제자들을 키우라고 하신 것은 전혀 우연이 아니다. "그러므로 너희는 가서 모든 민족을 제자로 삼아 아버지와 아들과 성령의 이름으로 세례를 베풀고 내가 너희에게 분부한 모든 것을 가르쳐 지키게 하라 볼지어다 내가 세상 끝날까지 너희와 항상 함께 있으리라 하시니라"(마 28:19-20).

제자들을 어떻게 키워야 하는가? 주님의 명령을 지키도록 가르치면 된다. 그러기 위해서는 먼저 우리 스스로 그분의 말씀을 알아야 한다. 말씀이 우리 안에 들어올 때까지 우리가 말씀 안으로 들어가야 한다.

생각하기

요한복음 17장에 기록된 예수님의 기도가 왜 중요한가?
이 기도가 신자로서 당신의 삶에 어떤 영향을 미치는가?

———

아는 것과
모르는 것

하지만 제자가 되려면 단순히 하나님과 성경에 관한 지식보다 훨씬 더 많은 것을 필요로 한다. 성경을 수없이 통독하고 수십 년 동안 교회를 출석하고도 여전히 그리스도의 참된 제자와는 거리가 먼 교인들이 많다. 그들은 모든 성경 퀴즈의 답을 알지만 그리스도를 따르는 삶의 본질은 놓치고 있다. 제자는 무엇보다도 그리스도의 명령에 순종하는 사람이다.

사도 요한은 교회를 향해 쓴 첫 서신서에서 진정한 크리스천의 삶에서 분명히 나타나는 특징들을 설명했다. 이 특성들은 '크리스천들의 모반'(母斑)으로 불리기도 한다. 이런 분명한 모반 중 하나는 그리스도에 대한 순종이다.

> 우리가 그의 계명을 지키면 이로써 우리가 그를 아는 줄로 알 것이요 그를 아노라 하고 그의 계명을 지키지 아니하는 자는 거짓말하는 자요 진리가 그 속에 있지 아니하되 누구든지 그의 말씀을 지키는 자는 하나님의 사랑이 참으로 그 속에서 온전하게 되었나니 이로써 우리가 그의 안에 있는 줄을 아노라 그의 안에 산다고 하는 자는 그가 행하시는 대로 자기도 행할지니라(요일 2:3-6).

이 구절에는 '안다'라는 단어가 가득하다. 사실 요한은 이 편지에서만 이 단어를 30번이나 사용했다. 이 단어는 정신적인 지식을 말하지 않는다. 사실이나 정보를 인식하는 것을 의미하지 않는다. 이 단어는 친밀한 상호작용을 통해 개인적인 경험적으로 아는 지식을 의미한다.

이런 종류의 지식은 단번에 얻을 수 있는 것이 아니고 지속적인 상호작용의 결과로만 얻을 수 있는 것이다. 이 지식은 뭔가를 직접적으로 이해하는 것이다. 이는 실제로 경험함으로써만 얻을 수 있는 지식이다.

고대 그리스인들은 인간의 이성을 통해 이 지식을 얻을 수 있다고 믿었다. 헬레니즘 시대의 그리스인들은 영지주의 같은 비밀스러운 종교를 통해서 이런 지식을 얻을 수 있다는 믿었던 것으로 보인다. 히브리인들은 하나님의 진리의 계시를 통해서만 이런 지식을 얻을 수 있다고 가르쳤다. 성경은 우리가 개인적으로 꾸준히 하나님과 교제할 때 하나님이 우리에게 그분과 그분의 진리를 밝혀 주신다고 가르친다.

"진리를 알지니 진리가 너희를 자유롭게 하리라"(요 8:32). 예수님의 이 말씀은 정보나 데이터를 수집하는 것을 말하지 않는다. 예수님은 그분과의 깊고도 개인적인 관계를 통해서만 나오는 친밀한 지식을 말씀하신 것이다. 그분이 곧 "진리"다(요 14:6).

이런 친밀한 경험적 지식에 해당하는 히브리어 단어는 구약성경 곳곳에서 남편과 아내의 성적 연합을 묘사할 때 사용되고 있다. 예를 들어 "아담이 그의 아내 하와와 동침하매 하와가 임신하여 가인을 낳고"에서 "동침하매"에 대해 이 단어가 쓰이고 있다(창 4:1). 배우자와 함께 시간을 보내면 친밀함이 더해지는 것처럼, 이 지식은 아무런 방해를 받지 않고 하나님과 온전히 시간을 보낼 때 얻어진다. 이런 개인적인 지식은 제자화의 근간이며, 단순히 성경을 읽고 암송하고 기도하는 것 이상을 필요로 한다. 이 지식은 하나님을 사랑하고 그분과 친밀히 교제하며 살 때 찾아오는 지식이다.

만약 이 친밀한 지식이 순식간에 전해 줄 수 있는 것이라면 필시 예수님은 제자들의 머리에 손을 얹고 "진리를 알라"라고 명령하셨을 것이다. 하지만 예수님은 "진리를 알게 될 것이다"라고 말씀하셨다. 이는 그분을 아는 것이 긴 과정이라는 뜻이다. 일상 속에서 성경의 원칙들을 꾸준히 실천할 때 그분을 서서히 알아갈 수 있다.

"아니, 이번 장은 순종에 관한 장이잖아. 지식에 관한 이야기가 왜 이렇게 길어?" 그것은 하나님을 아는 지식이 그분께 순종하는 삶의 기초이기 때문이다. 이해가 되었는가? 요한의 글을 다시 보라.

우리가 그의 계명을 지키면 이로써 우리가 그를 아는 줄로 알 것이요 (요일 2:3).

여기서 요한은 단순히 예수님께 직접 배운 것을 그대로 읊고 있을 뿐이다. 워렌 위어스비(Warren Wiersbe)가 요한복음 15장을 탁월하게 해설한 글에서 지적했듯이 예수님은 그분께 순종하는 비결이 그분을 사랑하는 것이고(요 15:9-10) 그분을 사랑하는 비결은 그분을 '아는' 것이라고(요 15:15) 가르치셨다. 위어스비는 "모든 것이 그리스도를 더 깊이 아는 데서 시작된다"라고 말했다. [3]

에스라는 구약의 순종 모델이다. 에스라서 7장 10절은 이렇게 말한다. "에스라가 여호와의 율법을 연구하여 준행하기로 결심하였었더라."

에스라는 시간을 따로 내어 하나님의 말씀을 공부할 뿐 아니라 그 말씀대로 살기 위해 애를 썼다. 예수님도 마태복음 28장의 지상명령을 순종에 관한 이야기로 마무리하셨다. "내가 너희에게 분부한 모든 것을 가르쳐 지키게(순종하게) 하라." 예수님은 제자들이 단순히 그분의 가르침을 듣고 메모하기만을 원하시지 않는다. 물론 말씀을 머리로 아는 것도 중요하지만 그 말씀에 순종하는 것이 더 중요하다.

데이브 브라우닝(Dave Browning)은 《작은 교회가 아름답다》(Deliberate Simplicity)에서 이렇게 말했다. "우리는 대부분의 신자들이 성장하지 못하는 원인이 아는 것과 모르는 것 사이의 격차가 아니라고 확신한다. 그 원인은 아는 것과 사는 것의 격차다. 많은 크리스천들이 아는 만큼 순종하지 않는다." [4]

대부분의 신자들에게 시급한 것은 또 다른 성경공부 모임에 참여하는 것이 아니다. 그들이 주님과의 관계에서 성장하게 위해 필요한 것은 이미 아는 것을 실천하는 것이다. 마크 트웨인(Mark Twain)은 이 점을 누구보다도 잘 알고 있었다. "내게 성경에서 신경 쓰는 것들은 이해되지 않는 것들이 아니라 이해되는 것들이다."[5]

모르는 것에 대해 고민하기보다 아는 것부터 순종하기 시작하라.

생각하기

하나님에 관한 지식과 하나님을 아는 것은 어떻게 다른가?
이 질문에 대한 답이 당신의 행동과 삶에 어떤 영향을 미치는가?

예수가 우리에게 건
큰 기대

예수님은 제자들이 그분의 본을 따라 아버지께 헌신하기를 기대하셨다. 누가는 예수님이 길가에서 세 사람과 주고받은 이야기를 기록하고 있다(눅 9:57-62). 첫 번째 제자 후보는 예수님이 최고급 호텔에서만 묵는 슈퍼스타 랍비인 줄 알고서 잘못된 기대를 품었다. 이에 예수님은 그의 자기중심적인 시각을 이렇게 바로잡아 주셨다. "여우도 굴이 있고 공중의 새도 집이 있으되 인자는 머리 둘 곳이 없도다"(눅 9:58).

두 번째 제자 후보는 우선순위가 잘못된 탓에 아버지의 장례부터 치른 뒤에 예수님을 따르겠다고 말했다. 하나님 나라를 위해 모든 것을 포기하기보다 유산부터 챙기려는 남자의 마음을 보신 예수님은 엄하게 대답하셨다. "죽은 자들로 자기의 죽은 자들을 장사하게 하고 너는 가서 하나님의 나라를 전파하라"(눅 9:60).

마지막으로 세 번째 남자가 예수님께 다가왔다. 얼핏 예수님을 따르려는 마음이 진심처럼 보이는 남자였다. "주여 내가 주를 따르겠나이다 마는 나로 먼저 내 가족을 작별하게 허락하소서." 하지만 다감한 듯한 이 말 이면의 진짜 동기를 간파하신 예수님은 단호하게 대답하셨다. "손에 쟁기를 잡고 뒤를 돌아보는 자는 하나님의 나라에 합당하지 아니하니라"(눅 9:61-62).

세 만남은 모두 한 가지 사실을 말해 준다. 우리 인생에서 예수님이 첫 번째가 되어야 한다는 것이다. 예수님은 두 번째 자리에 만족하시지 않는다. 예수님은 무조건적인 헌신을 요구하신다. 우리는 다른 누구보다도, 다른 무엇보다도 예수님을 가장 사랑해야 한다.

생각하기

누가복음 9장 57-62절에서 예수님을 따르지 못하게 하는 세 가지 걸림돌은 무엇인가? 당신의 경우에는 어떤 걸림돌이 그리스도와의 관계를 방해하고 있는가?

———

주님께 순종하는 단계들을 〈그림3〉의 삼각형으로 표현할 수 있다.

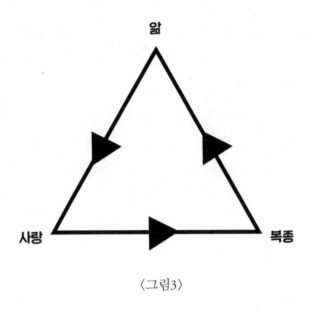

<그림3>

　보다시피 하나님을 아는 것에서 사랑하는 것으로 진행된다. 그래서 그분을 더욱 사랑할수록 그분께 순종하고픈 열정이 생긴다. 그분께 순종할수록 그분이 우리에게 자신을 드러내 주신다. 그분을 사랑하는 마음이 더 커지고, 그것이 더 큰 순종으로 이어진다. 그러면 하나님이 자신을 더 많이 보여 주신다. 이 과정이 계속 반복된다.

　명심하라. 하나님을 열렬히 사랑하기 전까지는 절대 그분을 충성스럽게 섬길 수 없다. 하나님을 깊이 사랑해서 순종하면 그분이 복을 소낙비처럼 부어 주신다. 성경의 약속 몇 가지를 소개한다.

- 구원의 확신을 얻게 된다(요일 2:5).
- 하나님의 사랑이 당신 안에서 완성된다(요일 2:5).

- 형통하다(수 1:8).

- 기도가 응답된다(요 15:7).

- 그리스도와 교제를 누린다(요 15:14).

- 필요가 채워진다(마 6:33).

- 하나님이 인생의 길을 인도해 주신다(잠 3:5-6).

생각하기

하나님을 아는 것과 사랑하는 것, 순종하는 것 사이의 관계를 설명
해 보라. 이 관계를 생각하면 성경을 공부할 의욕이 솟아나는가?

———

가장 중요한
명령을 따르다

도널드 휘트니는 《영적 훈련》(*Spiritual Disciplines for the Christian Life*)에서 이렇
게 말한다.

영적으로 훈련되지 않아 삶 속에서 아무런 열매와 능력도 보여 주지 못
하는 교인들이 너무도 많다. 직업적인 성공을 위해서는 열심히 훈련하
면서 경건을 위해서는 거의 훈련을 하지 않는 사람들을 많이 봤다. 교
회에서 열심히 봉사하고 하나님의 것들에 관한 진정한 열정을 자주 보
이며 하나님의 말씀을 열렬히 사랑하지만 훈련이 부족해서 하나님의

나라를 위한 열매를 제대로 맺지 못하는 크리스천들을 많이 봤다. 영적으로 그들은 방대하지만 깊이는 얕기 짝이 없다. 하나님과의 사이에 깊고도 친밀한 교제가 없다. 모든 것을 조금씩 건드릴 뿐 아무것에서도 제대로 훈련되어 있지 않다.[6]

나의 두 아들은 최근 가라사대 게임을 배웠다. 요즘 내 아내가 가장 좋아하는 게임이 바로 이 게임이다. "가라사대"라고만 하면 아이들이 잠자기 전에 장난감을 싹 치우기 때문이다. 규칙은 다 알 것이다. 진행자가 "가라사대"라는 말부터 하고 뭔가를 시키면 그대로 하는 것이다. 진행자가 "가라사대 점프해"라고 하면 다들 점프를 한다. 진행자가 "가라사대 손을 들어"라고 하면 다들 손을 든다. 그러다 갑자기 진행자가 "가라사대"란 말을 하지 않고 "앉아"라고 큰 소리로 말하면 몇몇 사람이 자신도 모르게 앉고 만다. 그 사람들은 벌칙을 받아야 한다.

진행자가 가라사대라고 명령을 하면 아이들이 얼마나 말을 잘 듣는지 모른다. 하지만 예수님이 명령을 하시면 우리는 어떻게 반응하는가? 별로 중요하지 않은 게임의 규칙은 잘 따르면서 우리를 사랑해서 자신을 온전히 내어 주신 분의 명령은 무시할 때가 얼마나 많은가.

예수님은 우리가 따라야 할 많은 명령을 내리셨다. 그중 가장 중요한 마지막 명령을 무시하지 말라.

"제자로 삼으라!"

생각하기

당신의 삶에서 그리스도의 주인되심에 복종시켜야 할 영역들에 대
해 생각해 보라.

———————

암송 구절

요한2서 1장 6절

———————

Chapter 8

암송으로 말씀을 마음에 저장하라(Store)

당신의 생각에
하늘을 채우라

"내가 주께 범죄하지 아니하려 하여
주의 말씀을 내 마음에 두었나이다"
(시 119:11).

믿기 힘들겠지만 정통 유대인들은 무려 5,422쪽으로 이루어진 탈무드를 빠짐없이 외웠다. 모든 쪽의 모든 단어를 외워서 특정 단어가 63권의 어느 부분에 있는지 정확히 짚어낼 수 있었다.[1]

암기의 기술은 나날이 옛 시대의 유물이 되어가고 있다. 하지만 1세기에는 암기가 매우 중요했다. 정보를 저장하고 전달할 방법이 필사밖에 없던 시대에는 정보를 머릿속에 기억해야만 했다. 내일 아침 휴대폰이 없는 세상에서 깨어난다고 상상해 보라. 모든 정보를 전자 장비에만 의존하고 모든 정보를 하드드라이브와 서버, 웹사이트 같은 외부 저장소에서 다운로드하며 가족이나 친구의 전화번호조차 빨리 기억하지 못하는 사람이 대다수다. 심지어 휴대폰을 확인하지 않고서는 자신의 전화번호도 기억하지 못하는 사람들도 있다. 우리가 이런 시대, 쉽게 얻을 수 있는 정보가 넘쳐나는 시대에 살고 있지만, 성경 암송을 당신에게 자신 있게 권한다!

대부분의 교회에서 성경 암송은 어린아이의 몫이다. 아이가 크면 대개 성경 암송의 훈련을 잊어버린다. 요즘에는 성경 암송은커녕 성경을 매일 '읽으라'는 말도 듣는 사람이 별로 없다.

하지만 그리스도의 만개한 꽃이 되기를 진정으로 원하는 신자라면 단순히 성경을 매일 읽는 것만으로는 충분하지 않다. 제자라면 말씀 속으로만 들어가지 말고 말씀이 자기 속으로 들어오게 해야 한다. 진정한 제자들은 "그리스도의 말씀이 너희 속에 풍성히 거하"게 하라는 바울의 권고를 진지하게 받아들인다(골 3:16).

하나님의 말씀이 우리 안에 거하려면 그 말씀을 암송해야 한다. 책을 읽고 나서 금방 잊어버릴 때가 얼마나 많은가. 진정한 배움은 외운 부분에서 비롯한다. 인간 기억에 관한 연구는 더없이 흥미로우면서도 귀한 분야다. 과학적 연구에 따르면 우리가 읽는 모든 것이 단기기억을 통과한다고 한다. 우리가 매일 받아들이는 막대한 정보의 필터 역할을 하는 단기기억의 역할은 한계가 있다. 반면, 장기기억은 무한량의 정보를 담을 수 있다. 정보의 입력이 반복될수록 장기기억에 저장될 가능성이 높아진다. 그래서 반복이 배움의 열쇠라는 말도 있다.

따라서 특정 정보를 단기기억에 보관하고 싶다면 노력을 해야 한다. 세월의 검증을 거친 두 가지 방법이 있다. 반복하는 것과 단번에 정신을 집중해서 외우는 것이 그 방법들이다. 우리가 전화번호를 어떻게 외우는가? 휴대폰에서 그 번호를 여러 번 눌러서 장기 기억에 저장하거나 의식적으로 외운다. 어떤 방법이 더 빠를까? 어떤 방법으로 외우면 필요할 때 더 빨리 생각날까?

내 친구 중에 빌립보서의 대부분을 외운 친구가 있다. 그것은 일부러 외운 것이 아니라 빌립보서가 성경에서 그가 가장 좋아하는 책이라서 매주 한 번씩 빌립보서 전체를 읽기 때문이다. 필시 이렇게 말하는 독자들이 있을 것이다. "꼭 그래야만 하는가? 외우는 건 고역이야." 그렇다. 힘든 일이다. 내 친구가 매주 빌립보서 읽기를 얼마 동안 했는지 아는가? 무려 26년 동안이다! 1,350번 이상을 읽었다!

하나님 말씀을 암송하지 않으면 크리스천 삶의 가장 귀한 복 중 하나를 놓치고 만다. 하나님 말씀을 암송하는 것을 최우선 사항으로 삼아 꾸준히 노력하기를 강권한다. 이 훈련을 열심히 실천하는 것만큼 우리의 영적 적들인 세상과 육신, 마귀를 이기는 데 도움이 되는 것도 없다.

암송과
묵상

성경에서 묵상이라는 영적 훈련은 암송보다 훨씬 많이 언급되어 있다. 하나님은 여호수아에게 형통의 비결이 하나님의 말씀을 묵상하는 것이라고 알려 주셨다.

> 이 율법책을 네 입에서 떠나지 말게 하며 주야로 그것을 묵상하여 그 안에 기록된 대로 다 지켜 행하라 그리하면 네 길이 평탄하게 될 것이며 네가 형통하리라(수 1:8).

하나님의 말씀을 묵상하는 것은 복과 번영, 열매 맺는 삶의 열쇠이기도 하다.

> 복 있는 사람은 악인들의 꾀를 따르지 아니하며 죄인들의 길에 서지 아니하며 오만한 자들의 자리에 앉지 아니하고 오직 여호와의 율법을 즐거워하여 그의 율법을 주야로 묵상하는도다 그는 시냇가에 심은 나무가 철을 따라 열매를 맺으며 그 잎사귀가 마르지 아니함 같으니 그가 하는 모든 일이 다 형통하리로다(시 1:1-3).

성경에서 가장 긴 장인 시편 119편은 하나님 말씀을 향한 다윗의 사랑 고백이다. 176개의 구절이 모두 성경에 대한 내용이다. 이 많은 구절에서 다윗은 하나님의 말씀을 묵상함으로 자신의 삶이 어떻게 변했는지를 이야기하고 있다.

미국 기억력 챔피언 조슈아 포어(Joshua Foer)는 이렇게 말했다. "옛날의 읽기 방식은 오늘날과 완전히 달랐다. 옛날 사람들이 단순히 문장을 외우기만 하지 않고 깊이 되새겼다. 문장을 마치 소처럼 씹고 되새김질해서 그것이 완전히 자신의 것이 될 때까지 익혔다. 페트라르카(Petrach)는 한 친구에게 보낸 편지에서 이렇게 말했다. '나는 아침에 먹은 것을 저녁에 소화시켰네. 나는 어릴 적에 삼킨 것을 노인이 되어서 되새겼네. 나는 이 글들을 완전히 흡수해서 내 기억만이 아니라 골수에 주입했네.' 어거스틴은 시편에 깊이 몰두해서 라틴어 자체만큼이나 시편이 그의 글의 주된 언어를 형성했다고 한다."[2]

포어의 말은 성경이 말하는 묵상의 의미를 정확히 짚어내고 있다.

묵상 하면 대부분의 사람들이 요가, 초월적인 명상, 이완 기법처럼 마음을 가라앉혀 정신이 육체를 초월하게 만드는 뉴에이지 기법들을 떠올린다.

예수님을 영접한 지 몇 달 되지 않은 초신자 시절에 한 영적 뉴에이지 수련회에 초대를 받았던 기억이 난다. 당시 성경을 잘 몰라도 '영적'이란 단어에는 익숙해져 있어서 별로 거부감 없이 그 초대를 받아들였다.

수련회장에 도착해 보니 잡다한 분야의 전문가들이 내게 다가와 악수를 청했다. 이 '전문가들'에는 기 치료 전문가, 그레고리안 성가 음악가, 단전호흡 강사, 초월 명상 교사, 초인적 오감의 소유자, 점성술사가 있었다. 그들은 영혼을 육체로부터 자유롭게 하는 법들을 가르쳤다.

당시 신앙에 관해 아는 것이 별로 없던 나는 그 수련회에서 배운 기법들을 3개월간 수련했다. 밤마다 고요한 가운데 방 안에 가부좌를 틀고 앉아 눈을 감고 엄지와 검지를 맞댄 채 팔을 뻗었다.

이 수련의 목표는 명상과 침묵을 통해 내 모든 문제에 대한 해법과 영혼의 모든 질문에 대한 답을 찾는 것이었다. 수련회의 강사들에 따르면 긴장을 풀고 영혼의 물결을 잔잔하게 유지하면 그런 지식과 행복, 평안이 밀려온다고 했다. 하지만 내게는 아무런 효과가 없었다. 매번 결과는 똑같았다. 매번 바닥에서 깊은 잠에 빠졌다가 몇 시간 뒤에 깨어났다. 긴장을 너무 푼 것이 분명했다.

성경을 읽기 시작하면서 이런 종류의 묵상은 비성경적이라는 것을 금방 알 수 있었다. 로마서 7장 18절이 이 점을 뒷받침해 준다. "내 속 곧 내 육신에 선한 것이 거하지 아니하는 줄을 아노니." 내 안에서 스스로 답을 찾으려고 해야 잘못된 답만 찾을 수밖에 없음을 깨달았다. 진리를 찾으려면 자기 밖으로 눈을 돌려 그리스도를 바라보아야 한다(요 14:6). 자기 안을 보는 것은 비성경적인 묵상이다.

'묵상하다'에 해당하는 히브리어는 '속삭이거나 중얼거리다'라는 뜻이다. 구약 시대 유대인들은 머릿속에 그림을 그리며 생각했다. 그래서 시편 1편의 기자도 우는 비둘기의 이미지를 사용했다. 비둘기가 계속해서 내는 소음을 상상해 보라. 이것이 성경이 묵상하는 사람에 대해 사용한 이미지다. 묵상하는 사람은 머릿속에서, 심지어 소리 내어 성경을 중얼거린다. 이스라엘에서는 유대교 랍비가 고개를 푹 숙인 채 혼잣말을 하며 걷는 광경을 심심치 않게 목격할 수 있다. 이 랍비는 미친 것이 아니다. 토라(구약성경)에서 그날의 분량을 암송하고 있는 것이다.

성경 묵상은 암송 없이는 힘들다. 말씀이 우리 존재의 일부가 되려면 먼저 우리의 기억 속에 들어와야 한다. 하나님 말씀을 외우면 언제 어디서나 그 말씀을 곱씹어서 결국 우리 자신의 일부가 되게 만들 수 있다.

생각하기

시편 1장 1-4절을 읽으라. 묵상의 유익들을 찾아보라.
이런 유익이 매일 그리스도와 동행하는 데 어떤 영향을 미칠지 생각해 보라.

———

찻잎을 우리듯

성경을 묵상하다

성경을 암송하면 우리의 삶이 하나님의 말씀으로 흠뻑 젖는다. 도널드 휘트니(Donald Whitney)는 *Spiritual Disciplines for the Christian Life*(크리스천 삶을 위한 영적 훈련)에서 말씀 암송의 효과를 뜨거운 차에 비유한다. "당신은 뜨거운 물이 담긴 컵이고 성경은 티백이다. 하나님의 말씀을 듣는 것은 티백을 한 번 담갔다 빼는 것과 같다. 차의 맛 일부가 물에 흡수되지만 티백을 더 깊이 우려낸 것만큼은 못하다."

휘트니는 계속해서 이렇게 덧붙인다. "이 비유에서 하나님의 말씀을 읽고 공부하고 암송하는 것은 티백을 컵에 추가적으로 담그는 것과 같다. 차가 물에 자주 들어갈수록 더 많은 효과가 난다."[3]

차의 맛이 물에 녹아 붉은 색이 돌게 되는 것처럼, 우리의 삶도 말씀에 젖으면 눈에 띄게 달라진다.

생각할 점

'티백' 비유를 머릿속에 그리면서 당신의 삶이 말씀에 젖기 위해 무엇을 해야 할지 생각해 보라.

———

오직 마음을
새롭게 함으로

성경을 읽으면 영적 귀가 열려 하나님의 음성을 들을 수 있는 반면, 성경을 암송하면 우리의 마음에 하나님의 말씀이 들어온다. 골로새서 3장 2절은 이렇게 말한다. "위의 것을 생각하고 땅의 것을 생각하지 말라."

NLT(New Living Translation) 성경은 이 구절을 이렇게 번역한다. "당신의 생각에 하늘을 채우라." 하나님의 말씀을 마음에 가득 채우면 그 말씀이 우리의 말과 행동을 비롯한 존재 전체로 스며든다. 하나님의 말씀이 악한 마음을 통과하면서 정화 작업을 벌인다. 옛 본성의 부패한 생각을 몰아내고 하나님의 순결한 도를 대신 채워 넣는다(요 15:3; 엡 5:26). 그 결과, 우리의 삶이 변한다.

> 너희는 이 세대를 본받지 말고 오직 마음을 새롭게 함으로 변화를 받아 하나님의 선하시고 기뻐하시고 온전하신 뜻이 무엇인지 분별하도록 하라(롬 12:2).

하나님 말씀으로 마음을 새롭게 하면 경건한 원칙들에 관심을 기울이게 된다. 삶이 세상의 닮은 모습에서 멀어져 그리스도를 닮아가기 시작한다. 바울은 골로새교회에 보낸 편지에서 이 원칙을 가르쳤다.

> 너희가 서로 거짓말을 하지 말라. 옛 사람과 그 행위를 벗어 버리고 새 사람을 입었으니 이는 자기를 창조하신 이의 형상을 따라 지식에까지

새롭게 하심을 입은 자니라(골 3:9-10).

여기서 '새롭게 함'에 해당하는 헬라어는 '혁신'으로도 번역될 수 있다. 뭔가를 혁신할 때 어떻게 하는가? 낡고 망가진 것을 허물어 튼튼한 것으로 새로 짓는다. 하나님의 말씀을 우리의 마음에 가득 채울 때 바로 이런 일이 일어난다. 어둡고 부패한 마음이 주님의 마음으로 대체된다. 그렇게 되면 바울이 로마서 12장 2절에서 말한 것처럼 우리 삶을 향한 하나님의 뜻을 분명하게 분간할 수 있게 된다.

실제로 성경은 내주하시는 성령이 우리를 그분 말씀의 진리로 인도하시면 우리가 그리스도의 마음을 품게 된다고 가르친다. 그러면 주님의 마음을 이해할 수 있다(고전 2:16). 우리 삶을 향한 하나님의 뜻을 알고(골 1:9) 이해하고(골 1:9) 시험하거나 증명할 수 있다(롬 12:2).

믿음의 여행을 할수록
커지는 유익들

하나님의 말씀이라는 보화를 마음속에 두면 성령이 중요한 때마다 생각나게 해 주신다. 내 말만 듣지 말고 직접 시험해 보라. 삶의 엄청난 변화에 놀라게 될 것이다. 하나님의 말씀을 외우고 묵상하면 그 유익은 끝이 없다. 몇 가지만 소개하면 다음과 같다.

- 묵상과 암송은 죄에 빠지지 않게 해 준다. - "내가 주께 범죄하지 아니하려 하여 주의 말씀을 내 마음에 두었나이다"(시 119:11).

- 묵상과 암송은 생각을 변화시킨다. - "너희는 이 세대를 본받지 말고 오직 마음을 새롭게 함으로 변화를 받아"(롬 12:2).

- 묵상과 암송은 복음을 전할 능력을 갖춰 준다. - "너희 마음에 그리스도를 주로 삼아 거룩하게 하고 너희 속에 있는 소망에 관한 이유를 묻는 자에게는 대답할 것을 항상 준비하되"(벧전 3:15).

- 묵상과 암송은 인생의 방향을 제공한다. - "주의 말씀은 내 발에 등이요 내 길에 빛이니이다"(시 119:105).

- 묵상과 암송은 영적 성장을 낳는다. - "지금 내가 여러분을 주와 및 그 은혜의 말씀에 부탁하노니 그 말씀이 여러분을 능히 든든히 세우사 거룩하게 하심을 입은 모든 자 가운데 기업이 있게 하시리라"(행 20:32).

- 묵상과 암송은 시험을 물리칠 힘을 준다. - "시험하는 자가 예수께 나아와서 이르되 네가 만일 하나님의 아들이어든 명하여 이 돌들로 떡덩이가 되게 하라. 예수께서 대답하여 이르시되 기록되었으되 사람이 떡으로만 살 것이 아니요 하나님의 입으로부터 나오는 모든 말씀으로 살 것이라 하였느니라 하시니"(마 4:3-4).

하나님의 강력한 말씀을 마음에 채우기 위해 노력하면 이 외에도 수많은 유익이 찾아온다. 믿음의 여행을 할수록 계속해서 새로운 유익이 나타나기 때문에 점점 더 많은 성경 구절을 암송하고 싶어질 것이다.

손에 들린
영적 무기

하나님 말씀을 묵상하고 암송하면 머리로 아는 대로 순종하는 능력이 강해진다. 우리의 마음에 다른 것을 넣으면 환경이 변한다. 우리의 마음은 영적 전쟁터이며, 영적 전쟁은 영적 무기로 싸워야 한다. 바울은 고린도교회에 이 점을 설명했다.

우리가 육신으로 행하나 육신에 따라 싸우지 아니하노니 우리의 싸우는 무기는 육신에 속한 것이 아니요 오직 어떤 견고한 진도 무너뜨리는 하나님의 능력이라 모든 이론을 무너뜨리며 하나님 아는 것을 대적하여 높아진 것을 다 무너뜨리고 모든 생각을 사로잡아 그리스도에게 복종하게 하니(고후 10:3-5).

우리의 영적 무기는 무엇인가? 하나님은 "성령의 검 곧 하나님의 말씀"으로 우리를 무장시키셨다(엡 6:17). 성경은 치명적인 양날 검보다도 날카롭고 강하다. 성경은 우리 존재의 가장 깊숙한 곳까지 뚫고 들어가 우리 마음과 정신에서 모든 불순한 생각을 도려낼 힘이 있다.

하나님의 말씀은 살아 있고 활력이 있어 좌우에 날선 어떤 검보다도 예리하여 혼과 영과 및 관절과 골수를 찔러 쪼개기까지 하며 또 마음의 생각과 뜻을 판단하나니(히 4:12).

암송과 묵상을

돕는 방법

암기를 잘 못하는 사람들이 더러 있다. 그리고 외우는 것을 싫어하는 사람이 많다. 그런가 하면 하나님의 말씀을 묵상하고 싶지만 구체적으로 어떻게 시작해야 할지 모르는 이들도 있다. 암송과 묵상에 모두 도움이 되는 간단한 방법 하나를 소개한다.

첫째, 머릿속에 그리라. 이 영적 진리는 어떤 모습인가? 이 텍스트가 말하는 바를 상상하라. 이 텍스트를 당신의 삶 속에서 실제로 적용했을 때의 상황을 머릿속에 그리라.

둘째, 숙고하라. 곰곰이 생각하라. 깊이 생각하라. 계속해서 되뇌라. 이 텍스트가 무엇을 의미하는가? 개별적인 단어들은 무엇을 의미하는가? 하나님이 이 텍스트를 통해 당신에게 어떤 말씀을 하기를 원하시는가?

셋째, 개인적으로 적용하라. 이 텍스트가 당신의 삶에 대해 구체적으로 무엇을 의미하는가? 이 진리가 당신의 삶에서 어떻게 펼쳐질까? 그렇게 되려면 어떤 행동을 해야 할까?

넷째, 말씀을 놓고 기도하라. 이 진리가 매일의 삶에서 이루어지게 해 달라고 하나님께 간구하라. 이 진리가 현실이 되게 해 달라고, 그러기 위해서 어떻게 해야 할지 알려달라고 기도하라.

카드 한 묶음으로 하는
말씀 암송

지금까지 많은 성경 암송법이 개발되었다. 모두가 나름대로 효과적이지만 내게는 한 가지 간단한 방식이 효과적이었다. 준비물도 별 것 없다. 색인 카드 한 묶음과 하나님의 말씀을 암송하겠다는 굳은 결심만 있으면 된다.

방법은 아주 쉽다. 카드의 한쪽에 어떤 책의 몇 장 몇 절인지 적고, 다른 쪽에는 그 구절을 적으라(부록 6에 실례가 소개되어 있다). 한 번에 다섯 구절씩 체크하며, 성경 카드들을 늘 지니고 다니라. 하루 종일 시간이 날 때마다 카드를 꺼내서 보라. 먼저 장절을 보고 나서 구절을 읽으라. 끊김이 없어질 때까지 계속해서 외우라. 충분히 외웠다고 판단되면 장절이 나온 면만 보며 암송해 보라.

장절을 먼저 외운 뒤에 구절을 외우고 나서 다시 장절로 마무리하는 것이 중요하다. 그래야 용어 색인에 전적으로 의존하는 신자가 되지 않는다. 새신자 시절에 나는 매번 성경 맨 뒤의 용어 색인을 확인해야 했다. 가끔 전도를 하다가 성경을 인용할 때 상대방이 "그런 게 어디 있어요?"라고 물으면 "성경 어딘가에 있답니다"라는 식으로 얼버무렸다. 이런 식으로 복음을 전하면 잘 통하지 않는다. 장절을 외우면 성경을 인용할 때 권위가 생겨서 상대방이 더 신뢰하게 된다.

다섯 구절을 완벽히 외우면 새로운 다섯 구절을 시도하고, 처음 다섯 구절을 최소한 일주일에 한 번씩 복습하라. 카드가 늘어나는 걸 보면 성경 암송에 대한 의욕이 더 커지고 삶 속에서 점점 더 강력한 변화가 나타난다.

사랑의
수고가 필요하다

마을의 한 여성이 집 앞에 그림 같은 정원을 꾸몄다. 이웃들은 매일 차로 혹은 걸어서 그곳을 지나가며 그 여인의 아름다운 작품에 감탄사를 터뜨렸다. 하루는 그녀가 장미의 뿌리를 덮어 주고 있는데 지나가던 사람이 불쑥 말했다. "아주머니의 엄지는 녹색이겠네요." 그러자 여성은 재빨리 고개를 내저었다. "아니요. 제 엄지는 새빨개요. 두 무릎도 다 성치 못하고요."

아름다운 정원을 꾸미려면 고된 노력이 들어간다. 성경을 암송할 때도 마찬가지다. 뭐든 외우는 것은 쉽지 않다. 이것이 대부분의 신자들이 아는 구절이 별로 없는 이유다.

천국에 가면 하나님은 우리가 스포츠 통계를 얼마나 외우는지, 텔레비전 드라마를 얼마나 기억하는지, 얼마나 많은 대중가요를 외워서 부르는지 따위에 전혀 관심을 보이시지 않을 것이다. 하나님은 인생을 변화시키는 말씀을 외우기 위한 우리의 노력에 주목하고 기뻐하실 것이다. 하나님 말씀을 마음에 새기는 것은 곧 그분께 "제게는 당신의 말씀이 정말 중요합니다"라고 말하는 것이다.

최근 이 주제에 관한 설교를 마친 후 누군가가 나를 찾아와 말했다. "저는 성경을 암송하기에는 너무 늙었습니다." 그때 내 대답은 이것이었다. "저라면 한 구절도 외우지 않고 그리스도 앞에 서느니 몇 년이 걸리든 단 한 구절이라도 외우겠습니다."

어렵지만 하나님 말씀을 마음에 새기기 위한 시간을 투자하겠는가? 성경을 깊이 묵상하기 위해 컴퓨터와 텔레비전을 한쪽으로 치워버리겠는가? 청교도 목사이자 교사였던 토머스 왓슨(Thomas Watson)은 이렇게 말했다. "우리가 말씀을 읽고 나서 그토록 추운 것은 묵상의 불 앞에서 자신을 덥히지 않기 때문이다."[4]

생각하기

지금까지 당신의 성경 암송을 방해한 장애물들을 나열해 보라.
장애물을 제거하기 위해 어떻게 할 것인가?

———

성경 암송을
우선순위에 두라

많은 사람이 성경 암송에 관해서 "어느 구절들을 암송해야 할까?" 혹은 "어디서 시작해야 할까?"라고 묻는다. 내게는 Fighter Verses(용사 구절)라는 프로그램이 도움이 되었다. 이 구절들은 온라인이나 스마트폰 앱으로 구할 수 있다. 이 앱이 1년 동안 매주 외울 구절들을 알려 주니 우리는 고민할 필요가 없다.

성경 암송의 훈련을 꾸준히 하기 위해 가장 좋은 방법은 책임감 있는 사람과 함께하는 것이다. 서로에게 책임을 지는 관계없이 꾸준히 성경을 암송할 수 있는 사람은 그리 많지 않다. 제자화 그룹의 이점 중 하나는 기본적으로 성경 암송을 위한 책임성 시스템을 갖추고 있다는 것이다. 참여자들이 매주 성경 구절을 외워 와서 남들 앞에서 외운 구절을 인용한다. 이렇게 평가하니 안할 수가 없다.

제자화 그룹에 참여하고 있지 않다면 지금이라도 참여하라. 찾지 못하겠다면 당신이 만들어 보라. 그 방법은 이 책에서 배우면 된다. 하다 못해 마땅한 사람을 찾아 성경을 함께 암송할 파트너가 되어 달라고 부탁하라. 그렇게 하면 당신뿐 아니라 상대방에게도 큰 도움이 될 것이다.

보통 크리스천들은 인용할 줄 아는 구절이 거의 없다. 안타깝게도 대다수 교인들이 요한복음 3장 16절 외에 성경에서 가장 짧은 구절인 "예수께서 눈물을 흘리시더라"(요 11:35)밖에 암송할 줄 모른다.

더 안타까운 사실은 소위 제자들이라는 그분의 말씀을 도무지 외우려고 하지 않는 탓에 예수님이 지금도 울고 계실지 모른다는 것이다. 잠시 멈춰서 당신만은 그러지 않기로 다짐하고, 성경 암송의 훈련을 삶의 최우선사항 중 하나로 삼게 도와달라고 기도하라.

실천 사항

성경의 한 장, 예를 들어 시편 1편이나 로마서 8장, 요한복음 15장, 갈라디아서 5장, 에베소서 2장을 외워 보라.

———————

암송 구절

시편 1편 1-2절

———————

Chapter 9

전도하라(Evangelize)

보여 주고
말하라

"너희는 온 천하에 다니며
만민에게 복음을 전파하라"
(막 16:15).

내가 가장 아끼는 물건 중 하나는 지금 내 사무실에 걸려 있는 한 그림이다. 아내와 결혼한 직후인 2005년에 산 것이다. 이 그림은 특별하다. 얼핏 보면 그냥 평범한 최후의 만찬 그림처럼 보인다. 하지만 자세히 뜯어보면 이 그림이 사실은 요한복음 13장 16절 말씀이라는 것을 알 수 있다. 여러 철자를 절묘하게 굵게 처리해서 그림처럼 보이게 만들었다. 하지만 주님 말씀으로 만들어졌다는 사실이 이 그림이 내게 특별한 이유는 아니다. 2005년 허리케인 카트리나로 우리 집이 무너졌을 때 이 그림은 유일하게 망가지지 않은 예술작품이었다. 이것이 이 그림이 내게 그토록 큰 의미가 있는 이유다.

복음을 전하는 것은 이 그림의 배경 이야기를 해 주는 것과도 같다.

물론 이 그림을 보는 사람이 예술가의 솜씨를 감상하는 것처럼 우리의 삶이 하나님의 역사를 보여 주어야 한다. 하지만 우리의 삶을 통해 복음을 보여 주는 것만큼이나 입을 열어 이 복음이 우리에게 왜 중요한지, 그리고 왜 상대방의 영원한 운명을 바꿔놓을 수 있는지를 말하는 것도 중요하다.

구원을 받은 지 아무리 오래되었어도, 신앙이 아무리 성장했어도, 우리는 복음에서 영원히 졸업할 수 없다. 복음은 그리스도가 우리의 죄를 위해 돌아가셔서 장사되었다가 다시 살아나신 소식(고전 15:1-4)이다. 현재도 앞으로도 계속해서 이 복음은 우리 정체성의 근간이다. 아들을 우리 대신 죽게 하심으로 증명된 하나님의 크신 사랑 덕분에 우리는 매일 복을 누린다(롬 5:8). 제자로서 자라갈수록 그리스도가 십자가 위해서 우리를 위해 해 주신 일을 더 깊이 인식하고 더 깊이 감사하게 된다. 나아가 우리 주님은 제자의 길을, 자기 십자가를 지고 그분의 희생과 섬김, 이 타주의의 본을 따르는 것으로 정의하셨다(눅 9:23).

전도와 제자화는 하나의 배에 붙은 두 개의 노다. 하나의 노만 저으면 배는 빙빙 돈다. 목적지에 도달하려면 두 개의 노가 모두 필요하다. 지상명령을 수행하기 위해서는 둘 다 필수적이다.

우리는 전도를 통해 복음을 받고 제자화를 통해 삶으로 실천한다. 제자화가 빠진 전도는 전도자가 죽는 순간 함께 죽는다. 마찬가지로, 전도가 빠진 제자화는 제자를 키우는 사람이 죽으면 함께 죽는다. 트랜스포메이셔널교회(Transformational Church)의 목사인 더윈 그레이(Derwin Gray)는 "우리 교회들이 전하지 않으면 우리의 제자화는 종합적이지 못한 것이다"라고 말했다.[1] 진정한 제자는 제자를 양성하고, 전도 없이 제자는 양성될 수 없다. 제자화와 전도 중 하나만 취할 수는 없다.

성공의
비결을 알고 싶다

간단히 말해 전도는 상대방이 회개하고 그리스도를 구주로 영접하기를 바라는 마음으로 그에게 그리스도와 그분이 악한 인류를 위해 해주신 일을 전하는 것이다.

로버트 콜먼(Robert Coleman)은 대표작 《주님의 전도 계획》(The Master Plan of Evangelism)에서 복음으로 세상을 구원하기 위한 예수님의 계획을 설명했다. "예수님의 관심은 큰 무리를 전도하기 위한 프로그램이 아니라 큰 무리가 따를 수 있는 사람들에게 있었다 … 사람들이 세상 구원을 위한 그분의 방법이었다."[2]

다시 말해, 복음으로 세상을 구원하기 위한 하나님 계획의 중심에는 바로 '당신'이 있다. 그리스도의 생애를 기록한 네 삶 모두 복음 전파에 관한 그분의 명령을 기록했다.

> 하늘과 땅의 모든 권세를 내게 주셨으니 그러므로 너희는 가서 모든 민족을 제자로 삼아 아버지와 아들과 성령의 이름으로 세례를 베풀고 내가 너희에게 분부한 모든 것을 가르쳐 지키게 하라 볼지어다 내가 세상 끝날까지 너희와 항상 함께 있으리라(마 28:18-20).

> 너희는 온 천하에 다니며 만민에게 복음을 전파하라(막 16:15).

죄 사함을 받게 하는 회개가 예루살렘에서 시작하여 모든 족속에게 전파될 것(눅 24:47).

너희에게 평강이 있을지어다. 아버지께서 나를 보내신 것 같이 나도 너희를 보내노라(요 20:21).

그리스도의 생애에 관한 모든 성경의 기록이 이 명령으로 끝나지만 사도행전은 이 명령으로 시작된다.

오직 성령이 너희에게 임하시면 너희가 권능을 받고 예루살렘과 온 유대와 사마리아와 땅끝까지 이르러 내 증인이 되리라(행 1:8).

사도행전은 예수님이 삶을 바쳐 키운 소수의 사람들이 이 명령에 순종하여 당시 세상을 복음을 물들인 이야기다.

생각하기

마태복음 28장 19절에 기록된 예수님의 고별사는 "가서"로 시작된다. 문자적으로 이는 '가면서'를 의미한다. 당신의 일상 삶에 관해 생각해 보라. '가면서' 즉 일상을 살면서 누구에게 복음을 전해야 할 것인가?

———

복음을 전한 것이
성공이다

많은 사람이 그리스도가 명령하신 복음 전도의 사명을 오해하고 있다. 그들은 자신이 얼마나 많은 사람을 직접 교회로 데려왔느냐를 성공의 기준으로 여기고 있다. 하지만 이는 성경의 가르침과 다르다. 전도의 성공은 '구원하는' 것이 아니라 '전하는' 데 있다. 오직 하나님만 구원하실 수 있다. 하나님은 우리에게 그저 전하라고만 명령하실 뿐이다. 우리의 책임은 복음을 전하는 것으로 시작해서 복음을 전하는 것으로 끝난다. 바울은 고린도 교회의 육신적인 교인들에게 이 점을 분명히 가르쳤다.

> 어떤 이는 말하되 나는 바울에게라 하고 다른 이는 나는 아볼로에게라 하니 너희가 육의 사람이 아니리요 그런즉 아볼로는 무엇이며 바울은 무엇이냐 그들은 주께서 각각 주신 대로 너희로 하여금 믿게 한 사역자들이니라 나는 심었고 아볼로는 물을 주었으되 오직 하나님께서 자라나게 하셨나니 그런즉 심는 이나 물주는 이는 아무것도 아니로되 오직 자라게 하시는 이는 하나님뿐이니라(고전 3:4-7).

성공의 문화에 젖은 우리의 문제점 중 하나는 교회에 데려온 사람의 숫자로 결과를 평가하도록 프로그램이 되어 있다는 것이다. 그리스도를 영접한 사람들의 인적사항을 기록하지 말아야 한다는 뜻이 전혀 아니다. 그들을 세례와 제자훈련으로까지 이끌려면 그들이 누구인지 알아야 한다. 그래서 "우리는 사람들이 중요하기(count) 때문에 사람들을 센다"(count)라는 말도 있다. 오순절에도 누군가가 믿은 사람들의 숫자를 세었다.

하지만 영적 훈장 하나라도 더 얻기 위해 회심한 사람들의 머릿수를 세는 함정에 빠지지 말아야 한다. 회심의 공로를 우리가 가로채서는 안 된다. 구원은 우리가 아닌 오직 하나님이 하신다.

숫자만이 목회 성공을 의미한다면 윌리엄 캐리(William Carey)의 1세기 인도 선교는 완전한 실패다. 캐리는 7년 동안 회심한 사람을 한 명도 얻지 못했다. 단 한 명도! 아도니람 저드슨(Adoniram Judson)도 6년간 고군분투하는 동안 단 한 명의 신자도 얻지 못했다. 이 충성스러운 선교사들이 다 실패자인가? 전혀 그렇지 않다. 하나님은 충성스럽게 복음을 전하느냐로 우리의 성공을 평가하신다. 열매를 맺는 분은 어디까지나 하나님이시다(요 15:4).

CCC(Campus Crusade for Christ)의 창립자 빌 브라이트(Bill Bright)는 이 점을 정확히 이해하고 있었다. "단순히 성령의 능력으로 열심히 그리스도를 전하고 결과는 하나님께 맡기는 것이 전도의 성공이다."[3] 복음을 전한 것 자체가 진정한 전도의 성공이다.

교정이 아닌
'거듭남'

구원을 이야기할 때 '회심'이란 단어에만 초점을 맞추지 말고 '거듭남'이란 단어를 사용하자. 자주 무시되는 이 단어는 사람들을 그리스도께로 인도하는 우리의 임무를 이해하는 데 매우 중요하다. 신학자 웨인 그루뎀(Wayne Grudem)은 거듭남을 "우리에게 영적인 생명을 나누어 주시는 하나님의 역사"로 정의한다.[4] 이 거듭남의 역사에서 당신과 나는 어떤 역할을 하는가? 아무런 역할도 하지 않는다. 이것은 전적으로 하나님의 역사다. 하나님이 거듭남의 역사를 기술한 다음 구절에서 주어가 누구인지를 보라.

> 또 새 영을 너희 속에 두고 새 마음을 너희에게 주되 너희 육신에서 굳은 마음을 제거하고 부드러운 마음을 줄 것이며 또 내 영을 너희 속에 두어 너희로 내 율례를 행하게 하리니 너희가 내 규례를 지켜 행할지라 (겔 36:26-27).

하나님이 거듭남의 역사의 주체라는 사실은 요한복음의 도입부에서도 확인할 수 있다.

> 영접하는 자 곧 그 이름을 믿는 자들에게는 하나님의 자녀가 되는 권세를 주셨으니 이는 혈통으로나 육정으로나 사람의 뜻으로 나지 아니하고 오직 하나님께로부터 난 자들이니라 (요 1:12-13).

브레이너드침례교회에 부임해서 처음 테네시 주 채터누가로 이사했을 때 뒷마당에 꽃사과나무 두 그루를 심었다. 첫 계절이 끝날 무렵 한 나무에는 잎이 무성하게 열렸다. 하지만 다른 나무에는 빈약한 잔가지 몇 개와 병든 잎들만 달렸다.

이듬해 나는 이 나무들에 더 신경을 쓰기로 했다. 땅에 거름도 충분히 주고 적잖은 돈을 들여서 뒷마당에 자동 급수 시스템을 설치했다. 저녁나절에는 내내 잡초를 뽑고 땅을 갈고 해충을 죽였다. 그렇게 인내로 나무들을 키웠건만 이번에도 한 나무에는 가지가 잎이 무성하게 열리고 한 나무는 여전히 앙상하기만 했다. 답답하기 짝이 없었다.

한참 조사를 한 결과, 앙상한 나무는 큰 병이 들었다는 사실을 발견했다. 어찌해 볼 도리가 없을 정도로 깊은 병이었다. 유일한 해법은 그 나무를 뽑아내고 완전히 새로운 나무를 심는 것뿐이었다. 새 흙으로 갈아 주고 잡초를 뽑고 땅을 갈고 비료를 주고 물을 충분히 줘 봐야 이 나무는 건강한 잎을 낼 수 없었다. 이 나무는 이미 죽은 나무나 다름없었다.

마찬가지로, 죄인들은 영적으로 병이 들어 영적으로 죽은 자들이다. 이런 사람을 도덕 같은 것으로 바로잡으려고 해 봐야 새로운 삶은 나타나지 않는다. 아무리 좋은 땅에서 아무리 정성껏 돌봐도 비신자들은 여전히 영적으로 죽은 상태다.

우리가 그리스도를 믿는 순간, 하나님은 우리에게 새생명을 주신다. 바로 이것이 거듭남의 의미다. 우리는 그리스도 안에서 새로운 피조물이다(고후 5:17). 바울은 에베소교회에 보낸 편지에서 이 진리를 생생하게 설명하고 있다.

그는 허물과 죄로 죽었던 너희를 살리셨도다 그때에 너희는 그 가운데서 행하여 이 세상 풍조를 따르고 공중의 권세 잡은 자를 따랐으니 곧 지금 불순종의 아들들 가운데서 역사하는 영이라 전에는 우리도 다 그 가운데서 우리 육체의 욕심을 따라 지내며 육체와 마음의 원하는 것을 하여 다른 이들과 같이 본질상 진노의 자녀이었더니 긍휼이 풍성하신 하나님이 우리를 사랑하신 그 큰 사랑을 인하여 허물로 죽은 우리를 그리스도와 함께 살리셨고(엡 2:1-5).

첫 번째 (육체적) 탄생이든 두 번째 (영적) 탄생이든 탄생은 전적으로 하나님의 역사다. 우리가 아닌 하나님이 구원의 저자시다. 우리가 아닌 하나님이 인간에게 생명을 주는 분이다. 그리고 우리가 아닌 하나님이 생명을 유지시키는 분이다. 따라서 전도의 열매에 대한 공로를 우리 스스로 취하는 것은 더없이 교만하고 악한 짓이다.

이쯤에서 이렇게 말하는 독자들이 적지 않을 것이다. "잃어버린 죄인들을 다시 태어나게 하시는 분이 하나님이라면 나는 아무것도 할 필요가 없지 않은가. 하나님이 다 하시는 것을 그냥 앉아서 구경만 하면 되는 것 아닌가."

전혀 그렇지 않다. 구원을 위한 하나님의 주권적인 역사가 게으름을 피울 구실이 될 수는 없다. 하나님은 가서 남들에게 그분의 사랑과 은혜를 전하라고 분명히 명령하셨다. 우편물을 나르는 집배원처럼 우리의 임무는 포장을 꾸미는 것이 아니라 우편물(복음)을 나르는 것이다.

생각하기

왜 거듭남의 교리를 더 분명히 이해할수록 복음 전도의 열정이 강해지는가?

진정성이 중요한 시대의
복음 전파

대학에 다닐 때 이동통신 다단계 판매를 한 적이 있다. 열아홉 살의 나는 효과적인 판매 멘트 하나를 외워 네트워크의 사다리를 초고속으로 올라갈 수 있었다. "돈을 원하십니까? 시간 날 때만 일해서 큰돈을 벌 수 있다면 하시겠습니까?" 이렇게 말하면 누가 혹하지 않겠는가.

하지만 이 그럴듯한 제안이 모두에게 통한 것은 아니다. 눈치가 빠른 사람들은 이것이 외워서 앵무새처럼 읊은 멘트라는 사실을 금방 알아챘다. 나는 인간적인 관심을 갖고 다가가지 않은 탓에 잠재적인 사업 파트너를 많이 놓쳤다.

마찬가지로, 앵무새처럼 읊는 '멘트'에 사람들이 교회에 나오던 시절은 갔다. 왜일까? 정보 시대로 가짜를 금방 알아채는 젊은이들의 세대가 탄생했기 때문이다. 요즘 사람들은 상대방의 말에 귀를 기울이기 전에 먼저 상대방이 자신에게 관심을 갖고 있는지를 판단한다. 다시 말해, 진정성이 중요하다.[5] 요즘 세대에게 복음을 전하려면 먼저 관계를 형성해야 한다. 과거에는 교회가 비신자들을 전도 프로젝트의 대상으로만 여겼다. 하지만 우리는 이런 접근법을 거부한다. 우리는 비신자들을 예수님의 눈으로 본다. 우리는 예수님이 비신자들에게 다가가셨던 방식을 따른다. 예수님은 기계적인 멘트 없이 관계를 통해 복음을 전하셨다. 그분은 사람들을 현재의 자리에서 만나 주셨고, 사람들 자체에 관심을 가지셨다.

요한복음 3장에서 예수님은 한밤중에 니고데모를 만나 주셨다. 요한복음 4장에서는 우물가의 여인에게 말을 거셨다. 요한복음 5장에서는 베데스다 연못가에 무기력하게 누워 있는 사람을 돌보셨다. 비신자와 대화를 시작하기 위해 어색한 분위기를 깨는 '멘트'가 무조건 나쁘다는 뜻이 아니다. 하지만 우리의 멘트가 대화를 시작하기 전보다 더 분위기를 싸늘하게 만든다면 다시 생각해 볼 문제다. 우리는 먼저 그들에게 사랑과 관심을 보여 주어야 한다. 그들이 단순히 종교적 프로젝트의 대상이 아님을 보여 주어야 한다(부록8에 새로운 관계를 위한 7가지 방법이 소개되어 있다).

쉽고 분명하게
복음을 전하다

"세상 속으로 가서 복음을 전하라. 필요하다면 말을 사용하라."

다들 한 번쯤은 들어본 말일 것이다. 아시시의 성 프란체스코(St. Francis of Assis)가 한 것으로 잘 알려진 말이다(하지만 역사학자들은 프란체스코가 실제로 이런 말을 하지는 않았다고 믿는다).[6] 이는 유명하지만 전혀 비성경적인 말의 전형적인 예다. 바울은 복음을 '반드시' 말로 전해야 한다고 분명히 말했다.

> 누구든지 주의 이름을 부르는 자는 구원을 받으리라 그런즉 그들이 믿지 아니하는 이를 어찌 부르리요 듣지도 못한 이를 어찌 믿으리요 전파하는 자가 없이 어찌 들으리요 보내심을 받지 아니하였으면 어찌 전파하리요 기록된 바 아름답도다 좋은 소식을 전하는 자들의 발이여 함과 같으니라 … 그러므로 믿음은 들음에서 나며 들음은 그리스도의 말씀으로 말미암았느니라(롬 10:13-15, 17).

복음은 말로 전달되기 때문에 상대방이 잘 이해할 수 있도록 쉽고 분명하게 제시하는 것이 매우 중요하다. 그렉 길버트(Greg Gilbert)는 《복음이란 무엇인가》(What is the Gospel)에서 복음을 하나님, 인간, 그리스도, 반응이라는 짧은 네 단어로 설명했다. 길버트의 멘토인 마크 데버(Mark Dever)는 《복음과 개인 전도》(The Gospel and Personal Evangelism)에서 이 네 단어를 풀이했다. "유일무이하고 거룩하신 하나님은 우리가 그분을 알도록 그분의 형상을 따라 창조하셨다. 하지만 우리는 죄를 지어 그분에게서 끊어져 나갔다. 이에 하나님은 크신 사랑 가운데 예수님을 통해 인간이 되셨고 완벽한 삶을 살고 십자가에서 죽으심으로 스스로 율법을 이루고, 그분을 믿게 될 모든 이들의 죄에 대한 형벌을 대신 받으셨다. 그러고 나서 죽음에서 살아나셨다. 이 부활은 하나님이 그리스도의 희생을 받으셨고 우리를 향한 하나님의 진노가 풀렸다는 것을 의미한다. 이제 하나님은 죄를 회개하고 오직 그리스도를 믿어 용서를 받으라고 촉구하신다. 죄를 회개하고 그리스도를 믿으면 새 생명 곧 하나님과 함께 하는 영원한 삶으로 다시 태어난다."[7]

하나님은 우리에게 강력한 복음을 맡기셨다. 따라서 우리는 이 귀한 복음을 신중하게 제시해야 한다. 적지 않은 이들이 갖가지 이유로 복음의 메시지를 약화시켰다. A. W. 토저는 《임재 체험》(Man, The Dwelling Place for God)에서 복음을 희석시키려는 모든 이들을 꾸짖었다.

요즘 사람들의 입에 오르내리는 새로운 십자가는 죄인을 죽이지 않는다. 단지 그를 다른 방향으로 이끌어 준다. 더 깨끗하고 유쾌한 삶으로 이끌고 그의 자존심을 지켜 준다. 이 십자가는 자기주장이 강한 자에게

"그리스도를 위해서 자신을 주장하라"라고 말한다. 이기주의자에게는 "와서 주님께 자기 자랑을 하라"라고 말한다. 스릴을 추구하는 자에게는 "와서 크리스천 교제의 스릴을 즐기라"라고 말한다. 기독교의 메시지는 대중에게 통하기 위해 현대의 트렌드에 맞게 변형되었다…그러나 그리스도에 대한 믿음은 세상과 나란히 가지 않는다. 다만 세상과 교차할 뿐이다. 그리스도께로 가는 것은 옛 삶을 더 높은 땅으로 가져가는 것이 아니다. 그것은 옛 삶을 십자가 앞에 내려놓는 것이다. 밀알은 땅속으로 들어가 죽어야 한다. 복음을 전하는 우리는 자신을 하나님과 세상 사이에 친선을 맺어주기 위해 애쓰는 홍보대사로 여기지 말아야 한다. 우리는 대기업이나 언론, 스포츠 세계, 현대 교육계에서 받아들여지도록 그리스도를 꾸미는 자들이 아니다. 우리는 외교관이 아니라 선지자이며, 우리의 메시지는 타협안이 아니라 최후통첩이다.[8]

로마서 1장 16절에서 바울은 복음이 "모든 믿는 자에게 구원을 주시는 하나님의 능력"이기 때문에 복음을 부끄러워하지 않는다고 말한다. 여기서 "능력"에 해당하는 헬라어 단어는 '다이너마이트'란 영어 단어의 어원이다.

복음은 폭발적인 능력을 지녔다! 그런 복음을 희석시키면 사람들을 진정한 회개와 삶의 변화로 이끄는 능력이 사라진다. 복음을 최대한 친절하고 전략적으로 전하되 언제나 담대하고 정확하고 온전하게 전해야 한다. 희석된 복음은 가짜 복음이다.

생각하기

복음의 정수를 나름대로 설명해 보라. 복음에 꼭 포함되어야 할 네 가지 요소는 무엇인가?

———

변화된 삶은

복음을 생생히 보여 준다

크리스천이라면 복음을 전할 뿐 아니라 자신의 간증을 즉시 그리고 5분 내로 전할 수 있어야 한다. 사도행전 26장에서 바울은 아그립바 왕에게 자신이 구원을 받은 과정을 간증했다. 베드로는 "너희 속에 있는 소망에 관한 이유를 묻는 자에게는 대답할 것을 항상 준비"하고 있어야 한다고 말했다(벧전 3:15).

효과적인 간증은 세 가지 부분으로 이루어진다.

- 그리스도를 믿기 전에 내 삶은 이러했다.
- 이 일로 내 삶이 변했다(그리스도를 영접하게 된 과정).
- 구원을 받은 뒤에 내 삶은 이러하다.

간증은 쉽게 만들어 낼 수 있지만 남들에게 그리스도를 전하기 위한 매우 강력한 도구가 된다. 변화된 삶은 복음을 생생하게 보여 준다. 그래서 한 이름 모를 시인은 이렇게 노래했다.

매일 당신은 행동과 말로

복음의 한 장을 쓰고 있소.

거짓된 것이든 참된 것이든 당신이 무엇을 쓰고 있는지 읽어 보시오.

자, 당신에게 복음은 무엇이오?[9]

생각하기

3분 정도의 간증을 준비해 보라. 이번 주에 누군가에게 간증을 하기로 결심하라.

———

복음을 전할

가치가 있는가

복음 전도의 궁극적인 목적은 하나님의 영광이다. 죄 많은 인간들을 향한 사랑보다 하나님의 영광을 더 크게 선포하는 것은 없다. 그 크신 사랑으로 우리를 구속하기 위해 아들까지 보내셨다. 성경은 하나님과 사람들 사이의 구속적인 관계를 통해 하나님의 영광을 보여 주는 것에 관한 구절들로 가득하다.

이 백성은 내가 나를 위하여 지었나니 나를 찬송하게 하려 함이니라(사 43:21).

그러나 너희는 택하신 족속이요 왕 같은 제사장들이요 거룩한 나라요 그의 소유가 된 백성이니 이는 너희를 어두운 데서 불러내어 그의 기이한 빛에 들어가게 하신 이의 아름다운 덕을 선포하게 하려 하심이라(벧전 2:9).

전도의 '초점'은 비신자들이 아니라 하나님과 그분의 영광이라는 점을 분명히 이해해야만 한다. 비신자들은 전도의 '대상'이다. 우리가 남들에게 예수님에 관해 말해 주는 것은 그분이 모든 예배를 받을 만한 가치가 있기 때문이다. 성공회 목사이자 성경 주석자이며 전 세계적인 복음주의 운동의 저명한 리더였던 존 스토트(John Stott)는 이 점을 이렇게 정리했다. "세계 복음화의 가장 중요한 동기는 지상명령에 대한 순종이 아니다. 심지어 아직 예수님을 모르는 사람들에 대한 사랑과 걱정도 아니다. 이 두 가지 동기도 중요하지만 가장 중요한 동기는 그리스도의 영광을 향한 불타는 열정이어야 한다. 하나님은 스스로 가장 높은 자리에 앉으셨고 모든 사람들도 그분을 높이기를 원하신다."[10]

하나님을 사랑하고 하나님의 영광을 원한다면 왜 어디를 가나 그분에 대하여 이야기하지 않는가? 하나님을 향한 열정이 불타오르고 그분이 해 주신 일에 감사한다면 왜 사람들에게 그 사실을 전하지 않는가? 당신의 동료들이 당신과 예수님의 관계에 관해 알고 있는가? 당신이 예수님을 사랑하는지 이웃들이 알고 있는가? 예수님을 사랑한다면 만나는 사람마다 복음을 전할 수밖에 없다. 주변의 누구에게 복음을 보여 주고 말해 주어야 한다. 새로운 관계들을 기르고 있는가? 같은 사람들과 관계를 쌓기 위해 같은 시간에 같은 장소에 자주 가고 있는가? 그래야만 한다.

제자라면 그래야만 한다.

실천하기

아직 예수님을 믿지 않는 친구나 가족, 지인을 세 명만 떠올려 보라. 그들이 마음을 열어 복음을 듣게 해 달라고 하나님께 기도하라. 그러고 나서 그들에게 복음을 전하라.

———————

암송 구절

데살로니가전서 2장 8절

———————

Chapter 10

날마다 새로워지라(Renew)

매일의 경건한 습관은
순종의 삶을 낳는다

"모든 성경은 하나님의 감동으로 된 것으로
교훈과 책망과 바르게 함과 의로 교육하기에 유익하니
이는 하나님의 사람으로 온전하게 하며
모든 선한 일을 행할 능력을 갖추게 하려 함이라"
(딤후 3:16-17).

"필기는 모든 훈련 중에서 거의 가장 큰 매력을 지니고 있다…
한 이유는 거대한 두 강이 하나로 합쳐지는 것처럼
필기가 성경 교리와 일상 삶을 하나로 융합한다는 것이다…
성경에 필기하라는 명령은 나오지 않지만 필기의 본보기는 나와 있다.
그리고 하나님은 성경 시대부터 필기에 복을 주셨다."
_ 도널드 휘트니

보디빌더들은 군살 없는 근육을 키우기 위해 단백질 가득한 음식을 하루에 여섯 끼 먹는다. 맞다. 여섯 끼다! 그렇게 하면 몸의 신진대사가 더 많이 작용해서 지방을 빨리 태우고 근육을 키운다.

예수님을 믿기 전 나는 프로 선수가 되기 위해 달걀, 참치, 달걀, 닭고기, 달걀, 칠면조 고기, 달걀로 진행되는 식단을 꾸준히 유지했다. 초코바 따위는 절대 입에 대지 않았다. 왜일까? 내 몸에 넣는 것들이 결국은 밖으로 표현되기 때문이다.

성경을 왜
읽어야 하는가

좋은 음식이 육체적 건강에 필수적이라는 것을 모르는 사람은 없다. 그런데 영적 삶의 경우도 마찬가지다. 성경은 우리 영의 음식이라고 할 수 있다. 매일 하나님의 말씀을 정신과 마음, 영혼 속에 채우지 않으면 영적으로 굶주리게 된다. 우리는 하루에 세 번 균형 잡힌 식사를 하려고 노력한다. 영적 건강도 그렇게 신경 써서 챙겨야 하지 않을까? 많은 교인들이 주일에 교회에서 딱 한 번만 하나님의 말씀을 읽고 듣는 바람에 영적 영양부족에 빠져 있다. 일주일에 한 끼만 식사를 한다고 생각해 보라! 주일 아침에만 성경을 접하는 것이 바로 이런 격이다.

이것이 제자화와 무슨 상관인가? 제자화는 하나님의 뜻에 순종함으로 그리스도를 닮아가는 과정이다. 〈그림4〉를 보라. 하나님께 순종하는 마음은 곧 하나님을 사랑하는 것을 첫째로 여기는 마음이다. 하나님을 알수록 그분을 향한 사랑이 커진다. 하나님을 알수록 그분을 더욱 사랑하게 된다. 그렇다면 어떻게 해야 하나님을 알 수 있을까? 하나님은 무엇보다도 말씀을 통해서 자신을 드러내셨다. 하나님을 아는 마음은 하나님의 말씀을 공부하고 적용함으로 새롭게 변화된 마음이다. 그래서 제자화의 핵심은 다음과 같다.

성경을 공부한다 ➡ 하나님을 안다 ➡ 하나님께 순종한다

〈그림4〉

예수님 삶 속의 한 이야기는 우리가 하나님의 말씀을 매일 마음에 새겨야 하는 이유를 잘 보여 준다. 예수님은 세례를 받은 직후 세상 누구도 받아본 적이 없는 극심한 시험을 받으셨다. 성경은 예수님이 사탄에게 받은 세 가지 시험을 기록하고 있다. 그 중에서 첫 번째 시험을 보자.

그때에 예수께서 성령에게 이끌리어 마귀에게 시험을 받으러 광야로 가사 사십 일을 밤낮으로 금식하신 후에 주리신지라 시험하는 자가 예수께 나아와서 이르되 네가 만일 하나님의 아들이어든 명하여 이 돌들로 떡덩이가 되게 하라 예수께서 대답하여 이르시되 기록되었으되 사람이 떡으로만 살 것이 아니요 하나님의 입으로부터 나오는 모든 말씀으로 살 것이라 하였느니라 하시니(마 4:1-4).

세 가지 시험 모두에서 예수님은 성령의 검 곧 하나님의 말씀(엡 6:17)으로 사탄을 물리치셨다. 마태복음 4장 4절에서 예수님이 사탄에게 인용하신 구절은 다음과 같다.

너를 낮추시며 너를 주리게 하시며 또 너도 알지 못하며 네 조상들도 알지 못하던 만나를 네게 먹이신 것은 사람이 떡으로만 사는 것이 아니요 여호와의 입에서 나오는 모든 말씀으로 사는 줄을 네가 알게 하려 하심이니라(신 8:3).

이 구절의 배경 이야기는 출애굽기에 기록되어 있다. 출애굽기는 하나님이 이스라엘 백성들을 애굽 왕 바로의 종노릇에서 해방시켜 미리 약속하신 풍요의 땅으로 이끌어 가기 위해 선택하신 모세의 삶을 기록하고 있다. 하나님이 몇 번에 걸쳐 권능을 드러내신 끝에 이스라엘 백성들은 애굽을 나와 광야로 탈출했다.

그런데 이스라엘 백성들은 음식도 물도 없는 광야에서 고생하다가 결국 하나님께 불평을 하기 시작했다. 이에 하나님은 필요한 음식을 어떻게 공급할지 알려 주셨다.

> 그때에 여호와께서 모세에게 이르시되 보라 내가 너희를 위하여 하늘에서 양식을 비 같이 내리리니 백성이 나가서 일용할 것을 날마다 거둘 것이라 이같이 하여 그들이 내 율법을 준행하나 아니하나 내가 시험하리라 여섯째 날에는 그들이 그 거둔 것을 준비할지니 날마다 거두던 것의 갑절이 되리라(출 16:4-5).

바로 다음날 하나님은 약속한 그대로 만나라는 음식(떡)을 공급해 주셨다. 땅에 얇게 깔린 음식을 처음 본 사람들은 이것이 하나님이 약속해 주신 빵인지 물었다. 그러자 모세는 다음과 같이 대답했다.

> 이는 여호와께서 너희에게 주어 먹게 하신 양식이라 여호와께서 이같이 명령하시기를 너희 각 사람은 먹을 만큼만 이것을 거둘지니 곧 너희 사람 수효대로 한 사람에 한 오멜씩 거두되 각 사람이 그의 장막에 있는 자들을 위하여 거둘지니라 하셨느니라 이스라엘 자손이 그같이 하였더니 그 거둔 것이 많기도 하고 적기도 하나 오멜로 되어 본즉 많이 거둔 자도 남음이 없고 적게 거둔 자도 부족함이 없이 각 사람은 먹을

만큼만 거두었더라 모세가 그들에게 이르기를 아무든지 아침까지 그것을 남겨두지 말라 하였으나 그들이 모세에게 순종하지 아니하고 더러는 아침까지 두었더니 벌레가 생기고 냄새가 난지라(출 16:15-20).

생각하기

하나님 말씀을 영혼을 위한 영적 음식으로 보는가?
그렇다면, 어떤 면에서 그러한가?

———

영혼을 살찌우는
말씀을 먹으라

위의 구절은 삶에 적용해야 할 중요한 두 가지 원칙을 보여 준다. 첫째, 사람들은 매일 직접 떡을 수집해야 했다. 각 사람이 시간과 노력을 들여서 빵을 거두어야 했다. 둘째, 거둔 떡은 당일에만 먹을 수 있었다. 유통기한 24시간밖에 되지 않았다. 그래서 안식일만 빼고 매일 만나를 거두는 일을 반복해야 했다.

모든 유대인이 만나 이야기를 알고 있었다. 그래서 예수님은 시험을 당하실 때 만나(빵)를 하나님의 말씀과 연결시키셨다. 이 이야기에서 예수님이 우리에게 주시는 교훈의 키포인트들은 다음과 같다.

• 영적 존재인 우리가 생존하려면 육체적 음식(떡) 이상의 것이 필요하다

- 우리의 영적 음식(영적 떡)은 하나님 말씀이다
- 옛 유대인들이 먹고 살았던 만나처럼 하나님의 말씀은 우리의 생명을 유지시키는 음식이다
- 유대인들이 만나를 모으기 위해 시간과 노력을 들여야 했던 것처럼 우리도 매일 성경에서 영적 영양분을 공급받기 위한 시간을 따로 떼어두어야 한다
- 유대인들이 매일 만나를 모아야 했던 것처럼 우리도 '매일' 성경을 읽어야 한다. 오늘 읽은 양은 내일까지 버틸 만큼 충분하지 않다

예수님은 떡 외에도 하나님의 말씀을 젖(벧전 2:2), 고기(고전 3:2; 히 5:12-14), 꿀(시 119:103; 겔 3:1-3)에 빗대셨다. 성경은 빵과 우유, 고기까지 우리에게 필요한 영적 영양분을 빠짐없이 제공해 준다. 게다가 시금치나 브로콜리처럼 억지로 먹어야 하는 것이 아니니 더할 나위 없다. 성경은 달콤한 꿀과도 같다.

창세기의 처음부터 요한계시록의 끝까지 하나님의 말씀은 그대로 이루어졌다(사 55:11). 히브리서 1장 3절은 이렇게 말한다. "그의 능력의 말씀으로 만물을 붙드시며."

이번에는 히브리서 4장 12절을 보자. "하나님의 말씀은 살아 있고 활력이 있어 좌우에 날선 어떤 검보다도 예리하여 혼과 영과 및 관절과 골수를 찔러 쪼개기까지 하며 또 마음의 생각과 뜻을 판단하나니."

야고보서 1장 18절은 하나님이 진리의 말씀을 통해 우리를 낳으셨다고 가르친다. 하나님의 말씀은 우리의 삶에서 역사한다.

필요한 것은
하나님 음성을 들을 환경이다

사람들이 성경을 읽지 않는 데 대해 다양한 변명을 늘어 놓는다. 신학교에 다닐 때 나는 수업을 받기 위해 매주 비행기를 타고 이동했다. 비행기를 탈 때마다 나는 옆자리에 앉은 사람에게 똑같은 질문을 던졌다. "사람들이 왜 성경을 읽지 않을까요?" 혹은 "'당신'은 왜 성경을 읽지 않는 건가요?" 가장 자주 듣는 대답들은 이렇다. "시간이 없어서요." "별로 효과가 없어서요." "도무지 무슨 뜻인지 모르겠습니다." "옛날 책이잖아요." "전에 읽어 봤지만 건진 것이 아무것도 없습니다." 내가 들은 가장 흥미로운 변명은 "성경이 아무런 말을 하지 않아서…"였다.

비행기 말동무들의 변명을 듣다가 문득 나 자신을 돌아봐야겠다는 경각심이 일었다. 솔직히 돌아보니 내가 성경을 읽는 시간은 철저히 기계적이었다. 그래서 성경 읽는 시간에 새로운 활력을 더하고자 여러 가지 방법을 시도해 보았다. 처음에는 매일 구약 한 구절, 신약 한 구절, 시편 한 편을 읽기 시작했다. 하지만 오래지 않아 하나님의 음성을 듣기보다 성경 읽기 표에 표시하는 데만 급급한 나 자신을 발견하게 되었다.

어느 해는 성경을 처음부터 끝까지 쭉 읽기 시작했다. 이 방법은 잠시 효과적이었지만 레위기에서부터 집중하기기 힘들어졌다. 성경을 읽다가 졸거나 다가올 약속 혹은 전날의 모임에 관한 생각을 하기 일쑤였다.

내가 시도한 또 다른 방식은 1년에 구약을 한 번, 신약을 두 번 읽는 것이었다. 어떤 방식을 사용하든 1년에 성경을 통독한다는 목적을 달성할 수는 있었다. 하지만 영적인 만족을 경험할 수 없었다. 그것은 내가 성경 읽기를 통한 하나님의 진정한 목적을 보지 못한 탓이었다.

많은 기도 끝에 문제는 성경 읽기 방법이 아니라 그 방법을 사용하는 사람에게 있음을 깨달았다. 거울 속의 사람을 철저히 솔직하게 들여다본 끝에 내가 하나님의 말씀을 진정으로 듣지도 그분의 진리를 삶을 적용할 방법을 고민하지도 않고 있다는 사실을 인정할 수밖에 없었다. 내게 필요한 것은 하나님의 음성을 들을 수 있는 환경을 조성하는 것이었다.

QT할 시간

그리스도의 제자가 되려면 매일 하나님과 QT를 해야 한다. 영적 성장을 위해 QT를 대신할 수 있는 것은 없다. 매일 하나님의 음성을 드는 시간을 따로 떼어 놓고 QT를 인생의 최우선 사항 중 하나로 삼아야 한다.

많은 사람이 새벽에 하나님의 말씀을 읽을 것을 권한다. 실제로 성경에 이 시간을 권장하는 구절이 정말 많다. 예를 들어, 많은 시편이 아침 일찍 하나님과 소통하는 것에 관해 이야기하고 있다(시편 5편과 88편을 보라). 나아가 예수님도 동트기 전에 일어나 아버지와 친밀한 교제를 나누셨다(막 1:35). 내 주변에도 일어나서 다른 일을 하기 전에 먼저 하나님을 찾고 그분의 말씀에서 능력과 지혜를 얻어야 한다는 확신으로 새벽 시간을 고수하는 신자들이 아주 많다. 내가 제자로 양육했던 두 사람은 매일 아침 일을 시작하기 전 차 안에서 하나님과 단 둘이 시간을 보낸다.

개인적으로 내 QT 시간은 밤에 잠자리에 들기 직전이다. 그 귀한 시간에 나는 하루의 사건들을 되돌아보고 모든 생각을 사로잡아 오직 하나님께만 집중시킨다.

요지는 간단하다. 하루 중 자신에게 적합한 시간을 정해 하나님께 드리라. 하나님과 단 둘이 그분의 말씀에만 집중할 수 있는 조용한 장소를 선택하라. 하나님의 말씀에 온 신경을 집중하면 그분이 내주하시는 성령을 통해 말씀하신다. 하지만 주변이 시끄럽거나 복잡하면 하나님의 음성을 듣기가 훨씬 힘들다.

하나님은 그분의 자녀인 우리에게 손을 뻗어 그분의 임재 가운데로 초대해 주셨다(히 4:16). 이 얼마나 엄청난 특권인가! 생각해 보라. 우리는 아무 때나 원하는 때에 하나님 앞으로 나아갈 수 있다. 하나님의 문은 우리를 향해 사시사철 활짝 열려 있다. 나아가 하나님은 그분을 방해할까 걱정하지 말라고 말씀하신다. 긴장하거나 두려워하지 말라고 하신다. 담대함과 확신으로 그분의 보좌 앞으로 나아오라고 손짓하고 계신다.

우주의 창조주께서 내미시는 이 은혜로운 초대의 손을 어떻게 받아들이지 않을 수 있는가. 우리가 그분의 아들 예수 그리스도와의 관계 덕분에 그분을 아버지를 부를 수 있으니 이 얼마나 감사한 일이다.

계획을 세우지 않는 것은
실패를 계획하는 일이다

"계획 없는 목표는 그저 한낱 바람일 뿐이다."¹ 프랑스 시인이자《어린 왕자》(The Little Prince)의 저자인 생텍쥐페리(Antoine de Saint-Exupery)가 했다고 하는 이 말이 참으로 옳다. 하나님의 말씀을 읽고 묵상하는 삶에 관해서도 더없이 옳은 말이다. 신앙이 자라려면 계획을 세워야 한다.

아내와 매년 휴가를 갈 때면 출발하기 전에 인터넷에서 목적지까지의 경로를 다운로드한다. 지금은 대부분의 사람들이 휴대폰 내비게이션을 사용한다. 이 내비게이션을 사용하면 목적지까지 안전하게 도착할 수 있다. 이런 놀라운 첨단기술이 탄생하기 전에는 대부분의 사람들이 자동차에 도로지도를 비치해두었다(지금도 나쁘지 않은 생각이다). 왜일까? 지도를 보고 경로를 계획하면 도중에 골치가 아파질 일이 줄어들기 때문이다. 하나님의 말씀을 읽고 공부할 때도 마찬가지다. 계획을 세우면 삼천포로 빠지지 않고 그리스도와의 관계 성장이라는 목표를 향해 곧장 나아갈 수 있다. 그리스도의 제자가 되려면 계획이 필수다.

내가 처음 경건 생활을 할 때는 무작위로 성경을 펴서 아무 곳이나 손가락으로 찍어 읽고 그 구절을 삶에 어떻게 적용할지 고민하는 방법을 사용했다. 감사하게도 "유다가 은을 성소에 던져 넣고 물러가서 스스로 목매어 죽은지라"라는 구절이 걸린 적은 한 번도 없었다(마 27:5).

무작위로 성경을 읽는 것은 냉장고에서 손이 닿는 대로 무작위로 꺼내서 먹는 것처럼 올바른 신앙 성장에 도움이 되지 않는다. 효과적인 성경 읽기 계획이 필요하다. 다양한 방법이 존재하지만 자신에게 맞는 방법을 찾아서 고수하는 것이 중요하다(부록4에 성경 읽기 방법의 예가 소개되어 있다).

성경을 읽을 때 좋은 출발점은 무엇일까? 나는 내 제자화 그룹의 식구들에게 디모데후서를 매일 읽는 방식을 자주 권해 왔다. 디모데후서에서 사도 바울은 자신이 제자로 키운 디모데에게 크리스천 삶을 위한 가장 중요한 진리들에 관해 말하고 있다. 디모데후서는 겨우 4장밖에 되지 않아 전체를 매일 읽어도 크게 부담되지 않는다. 일주일이면 디모데후서 전체를 일곱 번 읽을 수 있다. 그렇게 하면 가볍게 읽는 수준에서 벗어나 그 안에서 삶에 적용 가능한 진리들을 찾아낼 수 있다. 가볍게 읽을 때는 무심코 지나가기 쉬운 단어들이 한 번 읽을 때마다 점점 더 살아난다.

하나님 말씀과의 동행을 시작하기에 좋은 또 다른 방법은 요한일서를 매일 읽는 것이다. 디모데후서와 마찬가지로 요한일서도 짧은 구절 안에서 크리스천 삶에 관한 기본적인 진리들을 많이 다루고 있다.

새신자들은 매일 성경 읽는 시간을 얼마나 가져야 할지 고민하는 경우가 많다. 하루 중 특정한 시간대에는 다른 일로 바빠서 QT를 하기가 힘들 수 있다. 특히 출근 준비를 하느라 바쁜 아침 시간대에는 그럴 수 있다. 하지만 하나님에 대해서 시간적인 제약을 적용하지 않는 것이 기본적인 원칙이다. 나는 어떤 날은 겨우 5분 동안만 성경을 읽고 어떤 날은 몇 시간 동안 성경에 파묻혀 있기도 하지만 그 시간을 결정하는 기준은 내 일정에 시간적 여유가 있느냐 없느냐가 아니다. 하나님은 시간에 묶여 계시지 않기 때문에 그분께 시간적 제약을 적용해서는 안 된다.

뭐든 뿌린 대로 거둔다는 사실을 잊지 말라. 경건 생활도 마찬가지다. QT는 단순히 성경을 읽는 시간만이 아니다. QT는 하나님이 말씀하실 때까지 기다렸다가 그 음성을 듣는 것도 포함된다. 하나님이 우리의 일정에 따라 말씀하시거나 역사하시게 만들 수는 없다. 하나님은 그분의 완벽한 타이밍에 따라 말씀하고 역사하신다. 그분은 서두르지 않으시니 우리도 서둘지 말고 기다릴 줄 알아야 한다. 항상 그럴 수는 없겠지만 시간 제한 없이 하나님과 함께 할 수 있는 시간들을 계획해야 한다.

생각하기

성경 읽기 계획이 왜 중요한가?

————

당신의 검을 선택하라

요즘은 많은 성경 역본이 시중에 나와 있다. 그래서 어떤 역본이 좋은지, 어떤 역본을 읽어야 할지를 놓고 다들 고민이 많다. 히브리어(구약)와 헬라어(신약)를 영어로 번역할 때는 기본적으로 두 가지 중 한 가지 접근법을 취하게 된다. 어떤 이들은 원문의 단어 하나하나를 그대로 번역한다. 반면 어떤 이들은 단어 하나하나보다 생각이나 개념을 옮긴다. 신학에서는 문자적인 번역을 '형식적 등가'(formal equivalence)로 부른다. 형식적 등가는 성경 텍스트의 문법도 그대로 유지시킨다. 생각이나 개념을 옮기는 다른 접근법은 '역동적 등가'(dynamic equivalence)라 부른다.

세 번째 범주는 '의역'(paraphrase)이다. 기본적으로 의역은 번역자가 성경을 자신의 언어로 표현하는 것이다. '메시지 성경'(The Message)이나 '리빙 바이블'(Living Bible)이 대표적인 사례다. 의역이 도움이나 영감을 줄 수도 있지만 하나님의 말씀을 실제로 번역한 역본과 나란히 읽는 편이 가장 좋다.

'NIV'(New International Version)이나 'NLT'(New Living Translation) 같은 역동적인 성경을 선호하는 사람도 많이 이런 역본이 읽고 이해하기가 더 쉽게 느껴지기 때문이다. 하지만 이런 역본은 문자적 번역보다 주관적이다. 아무래도 번역자의 개인적인 시각이 반영될 수밖에 없기 때문이다. 그렇다고 해서 이런 역본이 믿을 만하지 않기 때문에 무조건 멀리해야 한다는 말은 아니다.

나는 원어에 가까운 역본을 성경 읽기와 공부의 주된 자료로 삼으라고 권하고 싶다. 하나님은 성경의 진술들에만 아니라 단어들 자체에도 그분의 영원한 진리를 담으셨다. 하나님의 말씀을 공부할 때 해당 구절에서 사용된 정확한 단어를 알면 좋다. 이런 면에서 ESV(English Standard Version), HCSB(Holman Christian Standard Bible), NASB(New American Standard Bible), KJV(King James Version), NKJV(New King James Version) 같은 직역본을 추천하고 싶다.

궁극적으로 가장 좋은 역본은 실제로 자신이 읽는 역본이다. 특정 역본이 좋다고 말하면서 실제로 그 역본을 읽지는 않는 사람이 많다. 기본적으로, 자신이 꾸준히 읽고 공부하는 역본이 자신에게는 가장 좋은 역본이라고 할 수 있다.

하나님의 음성을 들을(H.E.A.R) 수 있는
분위기를 조성하라

H.E.A.R 노트는 인생 변화를 목표로 성경을 읽게 해 준다. 성경 읽기 표에 표시를 하는 것이 아니라 하나님의 말씀을 이해하고 실천하는 것을 목표로 성경을 읽게 해 준다.

H.E.A.R는 강조하라(Highlight), 설명하라(Explain), 적용하라(Apply), 반응하라(Respond)의 머리글자를 모아서 만든 두문자어다.[2] 이 네 단계는 하나님의 음성을 들을 수 있는 환경을 조성해 준다. 성경 읽기를 위한 계획을 세우고 성경을 공부할 시간을 정하면 하나님의 음성을 들을 준비가 된 셈이다.

당신이 디모데후서로 QT를 시작하고 오늘 읽을 부분은 1장이라고 해 보자. 본문을 읽기 전에 먼저 하나님께 말씀해 달라고 진심으로 요청하라. 형식처럼 보이지만 하나님의 말씀을 이해하려면 반드시 그분의 인도하심을 구해야 한다. 성경은 하나님이 그분의 말씀을 통해 밝혀주신 진리를 이해하려면 성령의 도우심이 필요하다고 분명히 말한다(고전 2:12-14). 성경책을 펼 때마다 다윗의 짧은 기도를 드려야 한다. "내 눈을 열어서 주의 율법에서 놀라운 것을 보게 하소서"(시 119:18).

성령의 인도하심을 간구한 뒤에는 노트를 펴서 왼쪽 맨 위에 H라고 쓰라. (부록 3에 H.E.A.R 노트 활동의 실례를 소개해 놓았다.) 이 활동은 분명한 목적을 갖고 성경을 읽도록 도와준다. 읽다보면 보통 한두 구절이 유난히 눈에 들어온다. "H"라는 제목 아래 그런 구절을 써서 '강조하라.' 다음과 같이 쓰라.

책 이름

구절

장절

그 구절에 어울리는 제목

이 활동을 하면 나중에 이 구절을 다시 찾아서 읽기가 쉽다. 마음에 와닿는 구절을 강조한 뒤에는 그 아래에 'E'라고 쓰라. 이번 단계에서는 그 구절의 의미를 '설명하라.' 몇 가지 간단한 질문을 던지면 성령의 도우심으로 해당 구절의 의미를 이해할 수 있다. 다음 장에서 구절의 의미를 이해하는 법을 자세히 설명하도록 하겠다. 여기서는 일단 도움이 되는 몇 가지 질문을 소개한다.

- 이 구절이 왜 쓰였는가?
- 이 구절은 원래 누구에게 쓰인 것인가?
- 이 구절이 전후 구절들과 어떻게 연결되는가?
- 성령이 왜 이 구절을 이 책에 포함시키셨을까?
- 하나님이 이 구절을 통해 무엇을 가르치길 원하시는가?

하나님이 특정한 구절을 통해 특별히 당신에게 주시는 메시지를 발견하려면 그 구절과 열심히 씨름해야만 한다.

구절의 의미를 나름대로 파악해서 썼다면 그 아래에 'A'라고 쓰라. 'A' 밑에는 '적용하라'라고 쓰라. 적용이야말로 이 활동의 핵심이다. 이 단계에서 모든 것이 정점에 이른다. 이번에도 다음과 같은 일련의 질문을 던져 해당 구절이 개인적으로 자신에게 무엇을 의미하는지 알아내라.

- 이 구절이 내게 어떻게 도움이 될 수 있을까?
- 이 구절이 오늘날에는 어떤 의미일까?
- 이 구절을 내 삶 속에서 어떻게 적용할 수 있을까?
- 이 구절이 내게 무슨 의미인가?
- 하나님이 이 구절을 통해 내게 무슨 말씀을 하시는가?

이런 질문은 옛 세상과 우리 세상 사이의 틈을 이어주는 다리다. 이런 질문은 특정한 구절을 통해 하나님이 우리에게 하시려는 말씀을 들을 수 있게 해 준다. 'A' 아래에 이런 질문에 대한 답을 쓰라. 해당 구절이 당신의 삶에 어떻게 적용되는지 2-5개의 문장으로 적어 보라.

마지막으로, 맨 아래에 '반응하라'에 해당하는 'R'을 쓰라. 반응은 여러 가지 형태를 띨 수 있다. 행동 계획을 써도 좋고, 해당 구절을 통해 하나님이 하신 말씀으로 인해 자신이 어떻게 변할지 기술해도 좋다. 여기서 얻은 교훈으로 무엇을 할지 적을 수도 있다. 혹은 기도문을 쓸 수도 있다. 예를 들어, 더 사랑이 많은 사람이 되게 해 달라거나 더 많이 베풀려는 마음을 달라고 기도할 수 있다. 어떤 식으로든 읽은 구절에 대한 반응을 쓰라.

보다시피 H.E.A.R.은 모두 행동의 단어로 이루어져 있다. 강조하라. 설명하라. 적용하라. 반응하라. 다 행동이다. 하나님은 우리가 가만히 앉아서 그분의 진리가 하늘에서 뚝 떨어지기만 기다리기를 원하시지 않는다. 하나님은 수동적인 기다림이 아닌 적극적인 추구를 원하신다. 그래서 예수님은 이렇게 말씀하셨다.

구하라 그리하면 너희에게 주실 것이요 찾으라 그리하면 찾아낼 것이
요 문을 두드리라 그리하면 너희에게 열릴 것이니(마 7:7).

성경에 관한 기적을 생각해 보라. 수세기 동안 하나님은 수많은 사
람을 초자연적으로 감동시켜 그분의 말씀을 정확히 기록하게 하셨다.
훗날 하나님의 사람들은 이 신성한 글들을 알아보고 여느 글들과 구별
했다. 그리고 그 66권의 책을 하나로 묶었다. 성경의 보존도 기록만큼이
나 기적적이다. 또한 하나님은 사람들에게 구텐베르크의 인쇄기를 비롯
해서 성경을 복사하고 전달할 수 있는 기술을 주셨다. 덕분에 모든 사람
이 성경을 가질 수 있게 되었다. 이 모든 일이 이루어진 것은 하나님이
'당신'에게 하실 말씀이 있기 때문이다.

하지만 많은 교인이 주일 외에는 성경책을 펴지 않는다. 우리 모두
는 반드시 언젠가 하나님 앞에 서서 성경을 열심히 읽고 묵상하고 적용
했는지에 관해 답해야 할 것이다.

The Wonder of the Word of God(하나님 말씀의 경이)에서 전도자 로버트 L.
섬너(Robert L. Sumner)는 폭발 사고로 심각한 부상을 입은 캔자스시티의 한
남자에 관한 감동적인 이야기를 전해 준다. 사고로 시력과 양손의 기능
을 잃어버린 남자는 다시는 성경을 읽을 수 없다는 사실에 깊은 절망감
에 빠져들었다. 그러다 입술로 점자를 읽는다는 한 영국 여성에 관한 이
야기를 듣고서 그의 비통은 기쁨으로 바뀌었다. 하지만 안타깝게도 자
신의 입술 신경이 너무 상해서 점자를 인식할 수 없다는 사실을 알고서

남자는 다시 절망에 빠졌다. 그런데 하루는 점자를 들어 입술에 데었다가 혀가 점자들에 닿게 되었다. 순간 남자는 생각했다. '그래, 혀로 읽으면 되잖아.'

로버트 섬너가 이 글을 쓸 당시 이 남자는 혀로 성경을 네 번이나 통독한 상태였다. 그리스도의 심판대 위에 설 때 나는 제발 이 남자 옆에 서지 않았으면 좋겠다. 혹시 당신도 그렇지 않은가? 이 남자의 열심을 생각하면 정말이지 하나님의 말씀을 읽고 암송하지 않은 게으름에 대해서는 그 어떤 변명도 통하지 않는다는 생각이 든다.

실천하기

앞으로 5일간 H.E.A.R 노트를 적어 보라.

————

일주일동안의 H.E.A.R 노트 활동을 위한 제안

시편 119편 1-18절을 읽으라. 10-11절에 초점을 맞추라.
디모데후서 3장 1-17절을 읽으라. 16-17절에 초점을 맞추라.
야고보서 1장 1-27절을 읽으라. 22-24절에 초점을 맞추라.
요한일서 5장을 읽으라. 3절에 초점을 맞추라.
베드로후서 1장을 읽으라. 21절에 초점을 맞추라.

————

암송 구절

요한복음 1장 1-2절

우리의 손에
영원이 걸려 있다

나는 당신의 변함없는 동반자다. 당신의 가장 든든한 조력자이자 가장 무거운 짐이다. 당신을 앞으로 밀어 주거나 무너뜨릴 것이다. 나는 당신이 마음대로 부릴 수 있다. 당신이 반쯤 한 일을 내게 맡기면 신속하고도 정확하게 마무리해 줄 수 있다. 당신이 단호하게만 대하면 나는 쉽게 다룰 수 있다. 뭔가를 어떻게 하고 싶은지 정확히 보여 주고 몇 번만 연습을 시켜 주면 그때부터는 내가 알아서 계속할 것이다. 나는 모든 위대한 사람의 종이다. 그리고 안타깝게도 모든 실패자의 종이기도 하다. 위대한 사람들은 내가 위대하게 만든 것이다. 실패자들은 내가 실패하게 만든 것이다. 나는 기계는 아니지만 기계의 정확성과 인간의 지능을 겸비하고 있다. 나는 당신에게 유익하게 작용할 수도 있고 당신을 망치게 작용할 수도 있다. 어떻게 되든 나는 아무런 영향을 받지 않는다. 나를 훈련시키고 단호하게 대하면 세상을 당신의 발아래에 놓아줄 것이다. 나를 엄하지 않게 다루면 당신을 파멸시킬 것이다. 나는 누구일까? 나는 바로 '습관'이다.[1]

습관이 당신의 삶에 얼마나 큰 영향을 미쳤는지 생각해 본 적이 있는가? 우리가 하는 모든 일은 거의 다 습관의 결과다. 말하고 걷고 운전하고 먹고 숨 쉬고 남들과 상호작용하는 것까지 우리가 하는 거의 모든 것이 우리가 기른 습관의 직접적인 결과다.

습관은 우리를 방해하는 걸림돌이 될 수도 있고 우리의 영적 성장을 돕는 디딤돌이 될 수도 있다. 경건한 습관은 순종의 삶을 낳는다. 특히 제자화 그룹이 그런 습관을 기르는 데 도움이 된다. 어떤 영적 훈련을 하든 꾸준한 실천은 우리를 의무에서 헌신으로, 그리그 궁극적으로는 즐거움으로 이끈다.

습관을
기르려면

그렇다면 어떤 활동을 얼마나 오래 해야 습관으로 자리를 잡을까? 런던대학교(University College of London)의 과학자들은 18일에서 254일까지 다양한 기간으로 환자들을 관찰한 결과, 어떤 행동이 습관으로 자리를 잡으려면 66일이 걸린다는 결론을 내렸다.

많은 사람이 66일이 되기 전에 포기한다. 당신이 1월에 운동을 시작해서 그만두기까지 며칠이 걸렸는지 생각해 보라. 새로운 식단을 얼마나 오랫동안 유지했는가? 이제 왜 살이 빠지지 않는지 알겠는가? 대부분의 사람들이 좋은 행동이 습관으로 굳어지기 전에 그만둔다.

이 책을 제자화 그룹의 교과서로 사용해 왔다면 지난 10주간 H.E.A.R 노트와 성경 암송, 기도, 하나님에 대한 순종, 복음 전도를 통해 스스로를 훈련시켜 왔을 것이다.

이 정도면 이런 훈련이 당신의 삶에서 경건한 습관으로 뿌리를 내리기에 충분한 시간이다. 이제 이 책에서 배운 것들을 당신의 제자화 그룹에서 계속해서 실천할지는 당신에게 달렸다. 앞으로 계속해서 매주 만나 성경을 큰 소리로 암송하고, 함께 기도하고, 인생과 부부 관계, 사역, 직업에 관해 서로에게 날카로운 질문들을 던지기를 바란다. 각자 H.E.A.R 노트에 기록한 내용을 매주 토론의 중심 주제로 삼아, 하나님이 성경을 통해 각자에게 무슨 말씀을 하셨고 그것을 삶에 어떻게 적용했는지 이야기를 나누라.

제자화 그룹에서 기를 수 있는 또 다른 습관은 삶의 문제들을 다루어 주는 양서를 읽는 것이다. 그룹원들의 가정이 위태롭다면 배우자와의 관계를 강화시켜 주는 책을 읽으라. 그룹 식구 중 한 명이 죄에 빠져 있다면 마음의 우상을 몰아내는 책을 함께 공부하라. 내가 했던 그룹들 대부분에서는 웨인 그루뎀의 책 《성경 핵심 교리》(Bible Doctrine)와 《꼭 알아야 할 기독교 핵심 진리 20》(Christian Beliefs : Twenty Basics Every Christian Should Know) 같은 신학 서적들을 읽었다. 새신자나 막 자라나는 신자들에게는 빌 헐의 Choose the Life(삶을 선택하라), 그레그 옥던(Greg Odgen)의 《제자도의 핵심》(Discipleship Essentials), What the Bible Says to the Believer : The Believer's Personal Handbook(성경이 신자에게 무엇을 말하는가)와 같은 책이 도움이 된다[2](부록10에 추천 도서들이 소개되어 있다). 어떤 도서를 선택하든 그 도서를 통해 다른 신자들을 만나고 함께 성장해 갈 수 있다.

필수적인
성경 구절

앞서 말했듯이 영적 성장을 위해서는 매일 성경을 읽는 습관이 매우 중요하다. 성경 읽기의 방법들이 많지만 E100(부록 4)을 추천하고 싶다. 이것은 모든 신자가 잘 아는 구약 50개와 신약 50개 구절을 엄선한 목록이다. 이 구절들을 통해 우리는 인류 역사를 꿰뚫는 하나님의 구속 역사를 볼 수 있다. 주로 매일의 분량이 두 장으로 이루어져 있어서 10-15분이면 충분히 읽을 수 있다. 그래서 H.E.A.R 노트 활동으로 하나님의 음성을 들을 시간이 충분히 남을 것이다. 일주일에 5일씩 읽으면 E100을 20주면 완성할 수 있다.

필시 지금쯤 당신의 머릿속에는 답보다 질문이 더 많을 것이다. 부록 9는 제자화 과정에서 흔히 생기는 질문들을 다루고 있다.

배턴을
놓치지 말라

1958년부터 영연방 경기대회(Commonwealth Games)는 여왕의 배턴 릴레이(Queen's Baton Relay)로 시작된다. 올림픽 성화 봉송과 비슷하게 주자가 여왕의 배턴을 받으면서 릴레이 경주가 시작된다. 하지만 성화와 달리 이 배턴 안에는 손으로 쓴 메모가 들어 있다. 경주는 전통적으로 런던 버킹엄 궁전에서 시작되어 배턴은 영연방 경기대회 참가국들을 돈다. 영연방 경기대회의 개회식에서 마지막 주자가 배턴을 여왕에게 돌려 주면 여왕은 배턴에서 메모를 꺼내 국민들에게 큰 소리로 읽어 준다. 호주 멜버른에서 개최된 2006년 경기에서는 배턴이 영연방 71개국을 모두 돌아 무려 18만 킬로미터를 여행했다. 이 배턴은 1년 하고도 하루가 지나서야 여왕의 손으로 돌아왔다. 정말 대단한 릴레이 경주이지 않은가.

그런데 당신도 릴레이 경주를 하고 있다는 것을 아는가? 크리스천은 여왕의 배턴 릴레이가 아닌 만왕의 왕을 위한 경주에서 달리고 있다. 그래서 히브리서 기자는 이렇게 말한다. "이러므로 우리에게 구름 같이 둘러싼 허다한 증인들이 있으니 모든 무거운 것과 얽매이기 쉬운 죄를 벗어 버리고 인내로써 우리 앞에 당한 경주를 하며 믿음의 주요 또 온전하게 하시는 이인 예수를 바라보자"(히 12:1-2).

약 2천 년 전 예수님은 이런 말로 제자들에게 배턴을 넘기셨다. "그러므로 너희는 가서 모든 민족을 제자로 삼아 아버지와 아들과 성령의 이름으로 세례를 베풀고 내가 너희에게 분부한 모든 것을 가르쳐 지키게 하라"(마 28:19-20).

예수님은 하늘로 오르기 전 배턴을 충성스러운 제자들에게 넘기셨다. 특별히 베드로가 예수님께 배턴을 받았다. 베드로는 안뜰에서 예수님을 세 번이나 부인했지만 예수님은 갈릴리 바닷가에서 그를 회복시키셨다. 그때 예수님은 베드로에게 "시몬아 네가 나를 사랑하느냐"라고 세 번이나 물으신 뒤에 그가 어떻게 죽을지에 관해서 말씀하셨다(요 21:15-19). 전설에 따르면 베드로는 감히 주님과 같은 모습으로 죽을 수 없다

하여 십자가에 거꾸로 매달렸다고 한다. 못이 베드로의 손목을 뚫을 때 배턴은 이그나티우스(Ignatius)의 손으로 넘어갔다.

AD 107년 한 법관은 그리스도에 대한 믿음을 철회하지 않는다면 사자에게 먹이로 주겠다고 이그나티우스를 협박했다. 그때 이그나티우스는 이 법관의 제안을 담대하게 거부했다. "나는 짐승의 이빨에 짓이겨져 순결한 빵이 되어야 할 그리스도의 밀알이오."

이 말과 함께 그의 운명은 결정되었다. 그가 사자굴 바닥에 떨어지자마자 사자들이 달려들어 그의 몸을 갈기갈기 찢었다. 하지만 그가 죽기 전 배턴은 다시 폴리캅(Polycarp)에게로 넘어갔다.

서머나교회 감독이었던 폴리캅은 이교도의 축제 기간에 황제에게 향을 피우지 않았다는 이유로 체포되었다. 믿음을 버리지 않으면 죽인다는 협박 앞에서 이 노인은 이렇게 외쳤다. "팔십육 년간 그분을 섬겼소. 그런데 어찌 내 왕이요 구주이신 분을 모독할 수 있단 말이오. 어디 당신들 맘대로 하시오."

결국 그는 손발이 기둥에 묶인 채 화형을 당했다. 불길이 다리로 올라올 때 배턴은 다시 윌리엄 틴데일(William Tyndale)의 손으로 넘어갔다. 오늘 우리는 성경책에 대해 틴데일에게 큰 빚을 지었다. 1526년 틴데일은 헬라어와 히브리어 원어 성경을 처음 영어로 번역했다. 그로부터 1세기가 지나지 않아 탄생한 KJV성경에 틴데일의 번역이 많이 녹아들었다. 하지만 그런 피땀 흘린 노력에도 불구하고 돌아온 것은 찬사가 아닌 핍박이었다. 틴데일은 1535년 체포되어 1년 넘게 브뤼셀 외각 빌보르더(Vilvoorde) 성에 투옥되었다. 나중에는 이단으로 심판을 받아 화형을 당했다. 틴데일이 마지막 숨을 내쉴 때 배턴은 다음 세대의 주자들에게로 넘어갔다.

그 이후의 배턴 주자들 중에는 실패자들도 있었지만 그보다는 회복과 승리에 관한 이야기가 훨씬 더 많다. 배턴을 이어받아 예수 그리스도의 메시지를 열심히 전하는 주자들의 영웅담이 지금도 계속해서 역사의 페이지를 채우고 있다. 예수님은 그분의 배턴이 계속해서 전달되기를 원하신다.

자, 당신의 손을 펴서 앞으로 내밀라. 실제로 이렇게 해 보라. 손 안에 무엇이 있는지 보라. 당신이 자격이 있다고 생각하든 생각하지 않든 배턴은 당신에게로 넘어왔다. 이 배턴을 어떻게 할 것인가? 떨어뜨릴 것인가? 아니면 열정과 확신을 품고 달릴 것인가? 제자들을 키울 것인가?

영국 여왕이 국가들을 돌도록 사자들에게 배턴을 준 것처럼 만왕의 왕은 우리에게 세상 속으로 갖고 갈 배턴을 주셨다. 언젠가 우리는 우주의 왕을 대면하여 이 배턴을 잘 전달했는지 보고해야 할 것이다. 예수님이 제자들에게 하신 마지막 말씀이 우리에게 주시는 첫 말씀이라면? 배턴에 "잘하였도다 착하고 충성된 종아!"라는 메시지가 들어 있다면? 하지만 당신이 잘하지 않으면 예수님은 결코 "잘하였도다"라고 말씀하시지 않을 것이다.

배턴을 잡고 달려 다음 주자에게 넘겨 주라. 영원이 걸려 있다. 윌 앨런 드룸굴(Will Allen Dromgoole)은 '다리를 놓는 사람들'(Bridge Builders)이란 시에 제자화의 핵심을 잘 담아냈다.

외로운 큰길을 걷는 한 노인이
어둡고 추운 밤이 되어

깊고 넓은 틈 앞에 이르렀다.

틈을 따라 시꺼먼 강이 흐르고 있었다.

노인은 황혼의 어스름을 뚫고 강을 건넜다.

그 시꺼먼 강은 그를 전혀 두렵게 만들지 못했다.

반대편에 도착한 노인은 몸을 돌려

틈 위로 다리를 놓기 시작했다.

근처의 다른 순례자가 노인을 보며 말했다.

"이보시오, 왜 다리를 놓느라 헛수고를 하시오?

오늘도 당신의 여행은 끝나지 않소?

다시는 이 길로 지날 일이 없지 않소?

저 깊고 넓은 틈을 이미 건넜는데

왜 이 밤에 다리를 놓는 거요?"

노인은 백발의 머리를 들어 말했다.

"친구여, 오늘 내가 온 길로

따라오는 젊은이가 있소.

그의 발이 이 길을 지날 거요.

내겐 아무것도 아니었던 저 틈이

그 금발의 젊은이에게는 함정이 될지도 모르오.

그 젊은이도 황혼의 어스름에 여기를 건널 게 분명하오.

친구여, 지금 나는 그를 위해 다리를 놓고 있는 거요." [3]

생각하기

나는 우리가 주 예수 그리스도 앞에 설 때 이런 질문을 받을 것이라
고 믿는다. "누구를 제자로 키웠느냐?"

———————

자, 당신의 대답은 무엇이 될까?

Appendix

사명 선언서

다음과 같은 사항을 지킬 것을 서약합니다.

1. 빠른 영적 성장의 시간이 될 줄 기대하면서 주님 앞에 온전히 서약합니다.

2. 피치 못할 사정이 생기지 않는 한 매주 1시간 반 정도 이 제자화 그룹에 참여하겠습니다.

3. 토론을 원활하게 할 수 있도록 매주 모임 전에 모든 숙제를 하겠습니다.

4. 다른 멤버들만이 아니라 나 자신의 영적 성장을 위해 비밀 유지와 정직, 투명성의 태도로 모임에 임하겠습니다.

5. 함께 제자화의 길을 걷는 사람들을 위해 매주 기도하겠습니다.

6. 이 그룹을 마치고 즉시 나의 주도로 새로운 제자화 그룹을 시작하는 문제를 놓고 기도하기 시작하겠습니다.

멘티 서명 _____

멘토 서명 _____

날짜 _____

영적 여정 조사

이 질문들을 통해 서로에 관해 알아가라.

1. 주님을 영접한 뒤에 비로소 _____ 을 이해하게 되었다.

2. 내 평생에 하나님을 가장 가깝게 느꼈던 때는 _____ 이다.

3. 하나님이 가장 멀게 느껴졌던 때는 _____ 이다.

4. 내 인생에서 하나의 사건을 바꿀 수 있다면 _____ 을 바꾸고 싶다. 이유는 무엇인가?

5. 내 인생에서 절대 바꾸고 싶지 않은 사건은 _____ 이다. 이유는 무엇인가?

6. 하나님과의 관계에서 전환점은 _____ 이었다. 이유는 무엇인가?

H.E.A.R 노트 샘플

본문 : 빌립보서 4장 10-13절

날짜 : 2013년 11월 30일

제목 : 만족의 비결

H(강조하라) - "내게 능력 주시는 자 안에서 내가 모든 것을 할 수 있느니라"(빌 4:13).

E(설명하라) - 바울은 빌립보교회에 자신이 만족의 비결을 발견했다고 말하고 있다. 그는 인생의 어떤 상황에서도 그리스도만으로 충분하며 그분이 어려운 시절을 이겨내도록 능력을 주셨다는 사실을 깨달았다.

A(적용하라) - 살다보면 인생의 많은 부침을 겪게 될 것이다. 내 만족은 상황 속에 있지 않다. 내 만족은 예수 그리스도와의 관계에서 비롯한다. 오직 예수님만이 모든 상황에서 만족할 힘을 주실 수 있다.

R(반응하라) - 주님, 제가 만족하려고 노력할 때 도와주십시오. 당신의 능력을 통해 저는 어떤 상황도 이길 수 있습니다.

부록 4
성경 읽기 샘플 100

1. 창조 - 창 1:1-2:25

2. 타락 - 창 3:1-24

3. 홍수 - 창 6:5-7:24

4. 하나님과 노아의 언약 - 창 8:1-9:17

5. 바벨탑 - 창 11:1-9

6. 아브라함을 부르심 - 창 12:1-20

7. 하나님과 아브라함의 언약 - 창 15:1-21

8. 이삭의 탄생과 '희생제사' - 창 21:1-22:19

9. 야곱과 에서의 경쟁 - 창 27:1-28:22

10. 야곱과 에서의 화해 - 창 32:1-33:20

11. 요셉이 노예로 팔리다 - 창 37:1-36

12. 감옥과 승진 - 창 39:1-41:57

13. 애굽으로 간 열 명의 형들 - 창 42:1-38

14. 돌아간 형들 - 창 43:1-44:34

15. 정체를 밝힌 요셉 - 창 45:1-46:7

16. 모세의 탄생 - 출 1:1-2:25

17. 불타는 떨기나무 - 출 3:1-4:17

18. 열 가지 재앙 - 출 6:28-11:10

19. 유월절과 출애굽 - 출 12:1-42

20. 홍해를 건넘 - 출 13:17-14:31

부록 5

기 도 수 첩

기도한 날짜	기도 제목	응답받은 날짜

성경 암송 카드 샘플

내 아들아 그러므로 너는

그리스도 예수 안에 있는 은혜 가운데서

강하고 또 네가 많은 증인 앞에서 내게 들은 바를

충성된 사람들에게 부탁하라.

그들이 또 다른 사람들을 가르칠 수 있으리라.

디모데후서 2장 1-2절

책임감을 위한 질문

1. 이번 주에 말씀을 읽고 기도를 했는가?

2. 이번 주에 비신자에게 복음을 전하거나 간증을 했는가?

3. 이번 주에 가족과 양질의 시간을 보냈는가?

4. 이번 주에 음란한 것을 보았는가?

5. 이번 주에 음탕한 생각을 하거나 상대방에게 유혹이 될 만한 행동을 했는가?

6. 남들에게 자신을 좋게 보이기 위해 거짓말 혹은 반쪽짜리 진실을 말한 적이 있는가?

7. 이번 주에 비윤리적인 행동을 했는가?

8. 오늘 위의 질문들에 정직하게 답하지 않은 것이 있는가?

올바른 관계를 위한 방법들

1. 기도하라

매일 집중적인 기도해야 한다. "주님, 복음을 전할 사람을 보내 주세요." 이렇게 기도하면 반드시 기회가 나타난다. D. 제임스 케네디(James Kennedy) 는 "기도 없는 전도는 건방진 행동이다"라고 말했다.[1] 기도는 반드시 필요하다.

2. 한 장소를 자주 찾아가라

커피를 마시거나 점심을 먹기 위해 한 장소에 꾸준히 찾아가면 직원이나 다른 단골 손님들과 관계를 쌓을 수 있다. 자신을 소개하고, 남들의 이름을 외우고, 그곳에서 자주 보는 사람들의 이름을 부르며 인사하라. 그렇게 되면 손님들 중에 눈에 띌 수밖에 없다. 이름을 부른다는 것은 관심이 있다는 뜻이다. 자주 접촉하고 웃어 주고 이름을 불러 주면 복음을 나눌 기회의 문이 저절로 열린다.

3. 비신자와 점심식사를 함께하라

사람들은 다른 자리에서보다 점심식사 자리에서는 자신의 이야기를 솔직히 하는 편이다. 격식 없는 분위기, 그리고 점심시간에는 어차피 쉬어야 한다는 사실이 사람들로 하여금 긴장을 풀고 자신의 이야기를 편하게 하게 만든다. 이야기할 상대를 찾는 사람이 얼마나 많은지 모른다.

4. 이웃들을 저녁식사에 초대하라

이웃에 사는 가족들을 한 번에 한 가족씩 집으로 초대해서 저녁식사를 대접하라. 최대한 편안한 분위기를 조성해야 한다. 교회나 구원에 관한 이야기를 성급하게 꺼내지 말고 먼저 진정한 관심을 보여 줘서 관계부터 쌓아야 한다. 아이들과 마당, 동네 같은 공통 관심사에 관해 이야기하라. 분위기를 좋게 유지해야 한다. 사회나 경제, 정치 이야기는 어울리지 않는다. 그리스도에 관해서 말하기 위해서 먼저 삶으로 그리스도를 보여 줘야한다는 점을 잊지 말라.

5. 지역 동아리(neighborhood association)에 가입하라

다들 가정과 이웃에 관해 이야기하기를 좋아한다. 지역 동아리에 가입하면 이미 공통점이 있는 사람들을 만날 수 있다.

6. 동아리나 동호회에 가입하라

학생이라면 학교에서 클럽에 가입하라. 사업체를 운영하고 있다면 상인협회에 가입하라. 사이클이나 마라톤, 볼링 같은 동호회 등도 좋다. 브레이너드침례교회는 커피숍, 회의실, 운동 기구, 헬스 수업을 제공하는 커뮤니티 시설을 갖추고 있다. 이 시설 회원 중 약 2,700-3,000명이 우리 교회에 다니지 않는 사람이어서 얼마나 좋은지 모른다. 관계 전도를 할 수 있는 좋은 기회이기 때문이다.

7. 사람들이 있는 곳으로 가라

동네의 놀이터나 공원, 수영장 혹은 공터를 자주 가라. 사람들이 많은 곳으로 나가라. 밖에 자주 나갈수록 사람들과 가벼운 대화를 자주 나눌 수 있다. 미소를 머금고 인사를 건네라. 날씨를 비롯한 일상적인 대화로 접근하고, 상대방의 말에 관심을 보여 주라. 질문을 받으면 단답형으로 답하지 말라. 대부분의 사람들이 친절하게 다가오는 사람과 기꺼이 대화를 나눈다. 언제 어떻게 복음 쪽으로 주제를 바꿀지는 성령의 인도하심을 따르라.

"교회에 가보셨어요?" "오늘 성경에서 좋은 걸 배웠는데 들어보실래요?" "이번 주에 특별히 마음에 와닿은 성경 구절이 있는데 뭔지 아세요?" "저는 몇 년 전만 해도 문제가 많은 사람이었는데 어떻게 변하게 되었는지 들어보실래요?" 이따금씩 이런 말로 공략하다보면 전도할 기회가 생길 수 있다. "다니시는 교회가 있나요? 없다면 이번 주에 저희 교회에 오시지 않을래요? 예배 후에 근사한 점심을 대접해 드리겠습니다."

부록 9

제자화에 관해
흔히 묻는 질문들

제자를 어떻게 선택해야 하는가?

공식적인 제자화 관계를 맺기 위한 첫 번째 단계는 제자를 선택하는 것이다. 제자 선택을 위한 우리의 롤모델이신 예수님은 제자들을 선택하기 전에 기도하셨다(눅 6:12-16). '제자'라는 단어는 '배우는 사람'을 의미한다. 하나님께 배우고 성장하기를 원하는 사람들을 보내 달라는 기도로 제자화 과정을 시작하라.

사람들이 제자가 되겠다고 찾아왔을 때 예수님은 높은 기준을 제시하셨다. "선생님을 따르기는 하겠지만 먼저 아버지의 장례를 치르게 허락해 주십시오." 한 사람이 이렇게 말하자 예수님은 이런 식으로 말씀하셨다. "그럴 수 없다. 그러기엔 하나님의 나라가 너무 중요하다." 이 남자의 아버지가 아직 죽지 않았다는 점이 중요하다. 결국 남자의 말은 아버지가 죽을 때까지 기다리겠다는 뜻이었다.

264

예수님과 제자들의 관계뿐 아니라 그리스도와 서로에 대한 헌신으로 이루어진 우리의 관계도 중요하다. 안타깝게도 헌신을 끝까지 유지하지 못해 결국 지적을 하게 만드는 이들이 더러 있다. 심지어 팀원에게 나가달라는 말을 해야 할 경우도 있다. 내가 제자화 그룹을 이끌면서 성실하지 못한 팀원에게 정중하게 탈퇴를 부탁한 적이 두 번 있었다. "형제님을 사랑해서 함께하고 싶지만 형제님의 행동을 보아 지금은 때가 아닌 것 같습니다. 나중에 함께할 기회가 꼭 있으리라 믿습니다."

이런 말을 하기란 참으로 고통스럽지만 드물게 이런 상황이 발생한다. 그런 경우는 비난하기보다는 교훈을 주는 쪽으로 상황을 신중히 다루어야 한다.

제자화 그룹은 성실하고 시간을 낼 수 있고 배움의 자세를 갖춘 사람들로 이루어져야 한다. 먼저, 성실하고 헌신적으로 믿을 만한 사람을 찾아야 한다. 교회 출석, 소그룹 참여, 예배 같은 영적 삶의 다른 분야들을 살펴보면 그 사람의 성실성을 가늠해 볼 수 있다. 영적인 것들에 열심히 참여하는지를 봐야 한다.

함께 만나고 남들에게 투자할 시간을 낼 수 있는지를 봐야 한다. 서로의 말을 듣고 서로에게서 배우고 함께 성경을 공부할 시간을 낼 의지가 있는가? 전화를 하면 통화할 수 있는가? 하나님의 말씀을 읽고 기도하는 시간을 꾸준히 갖고 있는가? 제자화 그룹을 위한 시간을 낼 수 있는지는 하나님을 섬길 의지가 있는지를 보면 알 수 있다.

성경공부 모임과 교리 교육 프로그램, 제자화 그룹에 참여하는 사람도 모두 배울 자세가 되어 있는 것은 아니다. 배우고, 배운 것을 삶에 적용할 자세를 갖춘 사람이 필요하다. 남의 지적을 받아들일 수 있는 사람을 찾아야 한다. 하나님의 말씀에 어떤 반응을 보이는지를 보면 배울 자세를 갖추었는지 가늠할 수 있다. 예를 들어, 기도에 관한 설교를 듣고서 더 자주 기도하기 시작하는가? 입술의 위험에 관한 교훈을 배운 뒤에 말하는 모습이 변하는가? 배울 자세를 갖춘 사람은 교훈에 귀를 기울일 뿐 아니라 그 교훈을 삶으로 실천한다.

성실하고 시간을 낼 수 있고 배울 자세를 갖춘 사람을 찾아냈다면 먼저 기도한 뒤에 이렇게 물으라. "함께 성경을 공부해 보지 않겠습니까? 함께 성경을 암송하고 기도해 보면 어떨까요?"

이렇게 물으면 생각보다 많은 사람이 긍정적인 반응을 보일 것이다. "당신을 제자로 키워드릴까요?"라고 묻는 것은 좋지 않다. 자칫 모욕처럼 들릴 수 있다. 아울러 남자는 남자끼리 여자는 여자끼리 제자훈련을 해야 한다는 점도 잊지 말라.

제자화 그룹은 몇 명으로 구성해야 할까?

책임성은 소그룹에서 잘 이루어지기 때문에 이상적인 제자화 그룹의 규모는 3-5명이다. 당신 자신을 제외하고 2-4명이면 가장 적절하다. 다섯 명은 넘지 말아야 하고, 일대일 관계도 좋지 않다(3장을 보라).

어디서 모여야 할까?

교회 밖에서 적절한 장소를 찾으라. 커피숍이나 서점, 식당, 집, 어디든 좋다. 교회 밖에 만나면 남들 앞에서 거리낌 없이 성경을 읽거나 기

266

도하며 믿음을 담대히 드러내는 법을 배울 수 있다. 모든 팀원에게 편리한 장소를 선택해야 한다. 주부들은 주로 서로의 집에서 모인다.

얼마나 자주 모여야 할까?

매주 한 번씩 모이는 것이 이상적이다. 더 자주 만나도 괜찮지만 최소한 일주일에 한 번은 만나야 한다. 일주일에 한 번으로 정했다고 해서 조언이 필요할 때 주중에 전화를 걸거나 찾아오는 것이 불가한 것은 아니다. 제자훈련소의 문은 1년 365일 내내 열려 있어야 한다.

출석을 빠짐없이 해야 할까?

물론이다. 출석은 반드시 해야 한다. 제자화 그룹을 함께할 사람들을 처음 만나는 자리에서 나는 제자화 서약을 설명한다. 그들은 이후 12-18개월간 삶을 함께할 사람들이기 때문에 이 모임에 모든 것을 쏟아 부을 수 있는 사람들인지 확인해야 한다. 첫 모임 이후에 "아무래도 힘들겠네요"라면서 발을 뺀 사람들이 적지 않다. 괜찮다. 나중에 이탈자가 생기느니 처음부터 필요한 사항을 분명히 알고서 참여할 사람은 참여하고 그만둘 사람은 그만두게 하는 편이 낫다. 제자훈련을 원하는 사람들, 성장하고 배울 의지가 있는 사람들을 찾아야 한다. 제자훈련에 모든 것을 쏟아 부을 의지가 없다면 제자가 될 준비가 되지 않은 것이다. 이런 사람은 가게 놔 두는 것이 예수님이 우리에게 보여 주신 본보기다.

모임은 어떻게 진행되는가?

기도로 시작하라. 모임 전에 항상 참가자들에게 하나씩 기도 제목을 내놓게 하라. 그러고 나서 한 사람이 그 기도 제목들을 놓고 기도하고, 모든 참가자가 성장하게 해 달라고 간구한다.

매주 모임은 다음 네 가지 요소에 초점을 맞추어야 한다.

1. 말씀을 함께 공부하라. 앞에서 성경공부를 위한 H.E.A.R 방식(강조하라, 설명하라, 적용하라, 반응하라)을 소개했다. 이 방식으로 그룹 토론을 진행할 수 있다.

2. 남들 앞에서 지난주의 성경 구절을 암송하는 순서를 넣어 성경 암송에 대해 서로에게 책임을 지게 하라.

3. 서로에게 책임감을 가지고 질문을 던지라. 목표 달성에 대해 서로가 서로에게 책임을 지라. 예를 들어 이런 질문을 던지라. "아내와 사이는 어떻나요? 지난주에 아내에 대한 말투를 바로잡겠다고 하셨잖아요."

4. 마치기 전에 함께 기도하라.

성경을 더 깊이 탐구하려면 어떻게 해야 할까?

성경을 깊이 탐구하려면 성경 사전을 비롯한 여러 도구를 활용해야 한다. 데이비드 플랫은 나와 제자화 관계를 맺은 지 얼마 되지 않아 내 생일에 성경 사전 한 권을 선물로 주었다. 그 사전이 나의 성장에 얼마나 요긴했는지 모른다. 성경 사전 외에도 좋은 스터디 바이블 한 권을 마련하면 좋다. ESV 스터디 바이블, 맥아더 스터디 바이블, NIV 스터디 바이블은 구절마다 유용한 주석이 달려 있다. 스터디 바이블을 살 여력이 되지 않는다면 인터넷에서도 스터디 바이블을 이용할 수 있다. BibleGateway.com, Bible.org, BibleStudyTools.org 같은 웹사이트를 방문해 보면 큰 도움이 될 것이다. 유용한 도구들을 갖춘 성경공부 소프트웨어들도 적절한 가격에 이용할 수 있다.

어떻게 하면 멤버들이 성경을 암송하게 할 수 있을까?

잠언 25장 11절은 이렇게 말한다. "경우에 합당한 말은 아로새긴 은 쟁반에 금 사과니라."

상황에 맞는 말이 필요할 때 적절한 성경 구절이 생각난 적이 얼마나 되는가? 예수님은 그분이 하신 모든 말씀을 성령이 생각나게 하실 거라고 약속해 주셨다(요 14:26). 성경을 외우면 필요한 순간에 생각이 난다. 하지만 어디까지나 이는 외웠을 때의 이야기다.

모임을 할 때마다 서로에게 성경 구절을 암송하게 하면 웬만하면 다들 외워서 올 것이다. 성경 암송에 관한 자세한 내용은 8장을 다시 보라.

비신자를 제자로 키워야 할까?

나는 신자들뿐 아니라 비신자들과도 제자화 그룹을 진행해 보았다. 하지만 신앙 성장을 원하는 거듭난 신자들과 제자화 그룹을 하는 편을 선호한다. 상대방이 구원을 받았는지 어떻게 아는가? 나는 제자화 그룹을 시작할 때마다 먼저 돌아가며 간증을 하게 한다. 그런 다음, 복음을 설명해 보라고 한다. 나는 믿음이 정립되지 않은 사람에게는 그렉 길버트의 《복음이란 무엇인가》를 꼭 읽어 보라고 권한다. 몇 년 전 내가 진행하던 제자화 그룹에서 한 남자가 6주간의 모임 뒤에 그리스도를 영접하고 나서 "이 모임 전에는 복음을 이해하지 못했다"라고 고백한 일도 있었다.

어떤 경우에 훈련을 그만두게 해야 할까?

내가 9년 동안 제자화 그룹을 이끌면서 참여자를 그만두게 한 것은 두 번뿐이다. 모임 참석을 그만두게 해야 할 경우가 더러 있다. 배울 자세가 되지 않았거나 모임에 성실하게 출석하지 않거나 숙제를 하지 않는 경우 등이 그렇다.

배울 자세는 성장을 위해 반드시 필요한 자질이다. 한번은 몇 주 내내 혼자서만 말을 하는 사람에게 그만둘 것을 요청했다. 남들에게 배울 생각은 없고 자신의 성경 지식만 과시하려는 것을 계속 용납할 수는 없었다.

또한 한 사람의 게으름은 그룹 전체의 분위기를 흐릴 수 있다. 한 사람이 모임에 빠지고 성경을 암송해 오지 않고 H.E.A.R 노트를 해 오지 않고 토론 시간에 멍하니 앉아만 있으면 그룹 전체의 사기를 떨어뜨릴 수 있다. 이런 행동은 즉시 다루어야 한다. 이 사람을 따로 만나서 태도와 행동을 지적하고, 처음에 서약했던 내용을 상기시켜 주어야 한다.

그룹 식구를 내보내야 하는 이유는 이 외에도 또 있다. 예를 들어, 팀원들의 비밀을 지켜 주지 않거나 남들에게 비판적으로 구는 사람은 내보내야 할지 심각하게 고민해야 한다.

질문에 대한 답을 모르면 어떻게 해야 할까?

나도 답을 모르는 질문을 받을 때가 많다. 답을 모르는 것은 전혀 창피한 일이 아니다. 답을 모를 때는 그저 모른다고 인정하고 알아보겠다고 말하면 된다. 그렇게 해서 다음 모임까지 답을 알아오라. 목사나 다른 영적 리더에게 물어봐도 좋다. 모든 답을 아는 척할 필요가 없다.

헨리 포드(Henry Ford)의 인기가 하늘을 찌를 때 사람들은 그를 세상에서 가장 똑똑한 사람으로 꼽았다. 그런데 당시 시카고의 한 신문사가 포드를 "무식한 평화주의자"로 묘사한 기사를 내었다. 이에 포드는 이 신문사를 고소했고, 결국 법정에 서게 되었다. 그때 검사들은 온갖 질문을 했는데 포드는 하나도 대답을 하지 못했다. 질문 세례에 지친 포드는 다음과 같은 말로 조사를 마쳤다. "방금 당신들이 한 어리석은 질문, 아니 지금까지 한 모든 질문에 꼭 답을 해야 한다면 제 책상 밑에 버튼이 있다는 걸 말해 주고 싶군요. 버튼을 누르기만 하면 내가 사업에 관해 어떤 질문을 해도 답해 줄 수 있는 참모들이 올라옵니다. 자, 말해 보세요. 모든 답을 해 줄 수 있는 사람들이 곁에 있는데 내가 왜 답을 알아내기 위해 머리를 쥐어짜야 하죠?"[2]

그의 말은 "내가 세상에서 가장 똑똑한 사람인 것은 모든 답을 알아서가 아니라 어디서 답을 찾아야 할지 알기 때문이다"라는 뜻이다. 성경 역사와 신학, 교리를 모두 기억하지 못해도 상관없다. 시간을 내서 찾아보면 얼마든지 답을 알아낼 수 있다.

언제 제자들이 다른 제자들을 키우도록 해야 할까?

언제나 끝을 염두에 두고서 시작하라. 제자화 그룹은 12-18개월 동안 만나야 한다. 끈끈한 관계를 맺어 성장이 급속도로 진행되는 그룹이 있는가 하면, 시간이 오래 걸리는 그룹도 있다. 어떤 경우든 최대 2년을 넘기지 않는 것이 바람직하다. 기존 그룹을 나가서 새로운 그룹을 만들기를 원하는 사람들도 있고, 기존 그룹의 안전한 울타리 안에 머물려고 하는 사람들도 있을 것이다. 기존 그룹의 식구들과 너무 친해져서 또 다른 그룹을 시작하려고 하지 않는 경우도 있다. 하지만 제자가 또 다른 제자를 키우게 되는 것이 제자화 그룹의 최종 목표라는 점을 잊지 말아야 한다.

말년에 바울은 디모데에게 이렇게 명령했다 "네가 많은 증인 앞에서 내게 들은 바를 충성된 사람들에게 부탁하라 그들이 또 다른 사람들을 가르칠 수 있으리라"(딤후 2:2).

이 한 구절에 네 세대의 제자화가 나타난다. 1세대 바울이 2세대 디모데를 키워냈다. 디모데에서 그의 제자들인 3세대로 넘어가고, 3세대에서 다시 4세대로 이어졌다. 이렇듯 제자화 그룹의 목표는 제자 삼는 제자들을 키우는 것이다.

예수님은 세상에서 가장 위대한 메시지를 열두 명에게 맡기셨고, 그중 한 명은 그분을 배신했다. 하지만 나머지 열한 명의 헌신과 충성 덕분에 지금 당신이 이 책을 읽고 있다. 제자화는 복음 전파를 위한 하나님의 첫 번째 계획이다. 예수님은 "가서 모든 민족을 제자로 삼아"라는 말씀으로 배턴을 제자들에게 넘기셨다(마 28:19).

제자들은 그 배턴을 초대 교회 교부들에게 건넸고, 그 후로 수세기 동안 배턴은 수많은 교부의 손을 거쳐 왔다. 그리고 지금 그 배턴은 당신에게 넘어왔다. 끈기 있게 달리라. 당신의 경주에 영원이 걸려 있다.

제자화 그룹을 위한
추천 도서들

제자화에 관한 도서들

- Adsit, Christopher B. Personal Disciple-making: *A Step-by-Step Guide for Leading a Christian From New Birth to Maturity.* Orlando, FL: Campus Crusade for Christ, 1996.

- Arn, William and Charles Arn. *The Master''s Plan for Making Disciples: Every Christian an Effective Witness through an Enabling Church.* 2nd ed. Grand Rapids, MI: Baker Books, 1982; 1998.

- Arnold, Jeff. *The Big Book of Small Groups.* Downers Grove, IL: InterVarsity Press, 2004.

- Barna, George. *Growing True Disciples.* Colorado Springs: WaterBrook Press, 2001.

- Chan, Francis. *Multiply: Disciples Making Disciples.* Colorado Springs: David

C. Cook, 2012.

- Donahue, Bill. Leading Life-Changing Small Groups. Grand Rapids: Zondervan, 2002.

- 빌 도나휴, 《삶을 변화시키는 소그룹 인도법》(국제제자훈련원)

- Donahue, Bill and Greg Bowman. *Coaching Life-Changing Small Group Leaders*. Grand Rapids: Zondervan, 2006. 빌 도나휴, 그렉 보면, 《삶을 변화시키는 소그룹 리더코칭》(국제제자훈련원)

- Donahue, Bill and Russ Robinson. *Building a Church of Small Groups*. Grand Rapids: Zondervan, 2001. 빌 도나휴, 러스 로빈슨, 《소그룹 중심의 교회를 세우라》(국제제자훈련원)

- _____ . *The Seven Deadly Sins of Small Group Ministry*. Grand Rapids: Zondervan, 2002. 빌 도나휴, 《소그룹 사역을 망치는 7가지 실수》(국제제자훈련원)

- Eims, Leroy. *The Lost Art of Discipleship*. Grand Rapids: Zondervan, 1978.

- Geiger, Eric, Michael Kelley, and Philip Nation. *Transformational Discipleship: How People Grow*. Nashville: Broadman and Holman Publishers, 2012.

- Gorman, Julie A. *Community That is Christian*. Grand Rapids: Baker Book House, 2002.

- Hull, Bill. *The Complete Book of Discipleship: On Being and Making Followers of Christ*. Colorado Springs, CO: NavPress, 2006. 빌 헐, 《온전한 제자도》(국제제자훈련원).

- _____ . *The Disciple-Making Church: Leading a Body of Believers on a*

Journey of Faith, 2nd ed. Grand Rapids: Baker Book House, 2010. 빌 헐, 《제자 삼는 교회》(디모데).

• _____ . *The Disciple-Making Pastor: Leading Others on a Journey of Faith*, 2nd ed. Grand Rapids: Baker Book House, 2007.

• _____ . *Jesus Christ: Disciplemaker*, 2nd ed. Grand Rapids: Baker Book House, 2004. 빌 헐, 《제자 삼는 자 예수 그리스도》(요단출판사).

• Icenogle, Gareth. *Biblical Foundations for Small Group Ministry*. Downers Grove, IL: InterVarsity Press, 1994. 개러쓰 아이스노글, 《소그룹 사역을 위한 성경적 기초》(SFC출판부)

• Marshall, Collin and Tony Payne. *The Trellis and the Vine: The Ministry Mind-Shift that Changes Everything*. Kingsford, Australia: Matthias Media, 2009.

• McCallum, Dennis and Jessica Lowery. *Organic Disciplemaking*. Houston, TX: Touch Outreach Ministries, 2006.

• McBride, Neal. F. *How to Lead Small Groups*. Colorado Springs: NavPress, 1990.

• Ogden, Greg. *Discipleship Essentials*. Downers Grove, IL: InterVarsity Press, 1998. 그레그 옥던, 《제자도의 핵심》(낮은울타리).

• _____ . *Transforming Discipleship: Making a Few Disciples at a Time*. Downers Grove, IL: InterVarsity Press, 2003. 그레그 옥던, 《세상을 잃은 제자도 세상을 얻는 제자도》(국제제자훈련원)

• Petersen, Jim. *Lifestyle Discipleship*. Colorado Springs: NavPress, 2007.

• Platt, David. *Follow Me: A Call to Die. A Call to Live*. Carol Stream, IL:

Tyndale House Publishers, Inc., 2013. 데이비드 플랫, 《팔로우 미》(두란노).

• Putman, Jim, Bobby Harrington, and Robert Coleman, *DiscipleShift: Five Steps That Help Your Church to Make Disciples Who Make Disciples.* Grand Rapids: Zondervan, 2013. 짐 푸트먼, 바비 해링턴, 로버트 콜먼,《목회, 방향만 바꿨을 뿐인데》(국제제자훈련원).

• Putman, Jim. *Real Life Discipleship.* Grand Rapids: Zondervan, 2010. 짐 푸트먼, 《영적 성장 단계별 제자 양육》(두란노).

• Rosenberg, Joel C. and Dr. T. E. Koshy. *The Invested Life: Making Disciples of all Nations One Person at a Time.* Wheaton, IL: Tyndale House Publishers, 2012.

• Willard, Dallas. *The Great Omission.* San Francisco, CA: HarperCollins Publications, 2006. 달라스 윌라드, 《잊혀진 제자도》(복있는사람).

영적 훈련에 관한 도서들

• Foster, Richard. *Celebration of Discipline: The Path to Spiritual Growth.* New York: HarperCollins, 1998. 리처드 포스터, 《영적 훈련과 성장》(생명의말씀사).

• Pettit, Paul, ed. *Foundations of Spiritual Formation.* Grand Rapids: Kregel, 2008.

• Whitney, Donald. *Spiritual Disciplines for the Christian Life.* Colorado Springs: NavPress, 1991. 도널드 휘트니, 《영적 훈련》(네비게이토).

- Wilhoit, James. *Spiritual Formation as if the Church Mattered.* Grand Rapids: Baker Academic, 2008.

- Wilhoit, James and Kenneth O. Gangel, eds. *The Christian Educator's Handbook on Spiritual Formation.* Grand Rapids, MI: Baker Book House, 1994.

- Willard, Dallas. *The Divine Conspiracy: Rediscovering our Hidden Life in God.* San Francisco: HarperCollins, 1997. 달라스 윌라드, 《하나님의 모략》(복있는사람).

- _____ . *The Spirit of the Disciplines: Understanding How God Changes Lives.* San Francisco: HarperCollins, 1998.

신학에 관한 도서들

- Grudem, Wayne and Jeff Purswell, ed. *Bible Doctrine.* Grand Rapids: Zondervan, 1999. 웨인 그루뎀, 《성경 핵심 교리》(CLC).

- Grudem, Wayne and Eliot Grudem. *Christian Beliefs: Twenty Basic Beliefs Every Christian Should Know.* Grand Rapids, Zondervan, 2005. 웨인 그루뎀, 《꼭 알아야 할 기독교 핵심 진리 20》(부흥과개혁사)

기도에 관한 도서들

- Blackaby Henry and Norman Blackaby. *Experiencing Prayer with Jesus.* Eugene, OR: Multnomah Books, 2006. 헨리 블랙커비, 《예수님의 기도

를 경험하는 삶》(생명의말씀사).

- Bounds, E. M. *The Classic Collection on Prayer*. Gainesville, FL: Bridge-Logos Publishers, 2001.

- Foster, Richard J. *Prayer: Finding the Heart's True Home*. Downers Grove, IL: InterVarsity Press, 1992. 리처드 포스터, 《기도》(두란노).

- Murray, Andrew. *With Christ in the School of Prayer*. Peabody, MA: Hendrickson Publishers, 2007. 앤드류 머레이, 《그리스도의 기도 학교》(CH북스).

- Whitney, Donald. *Spiritual Disciplines for the Christian Life*. Colorado Springs, CO: NavPress, 1994. 도널드 휘트니, 《영적 훈련》(네비게이토).

성경공부에 관한 도서들

- Arthur, Kay. *How to Study the Bible: The Lasting Rewards of the Inductive Approach*. Eugene, OR: Harvest House Publishers, 1992.

- Brand, Chad, Charles Draper, and Archie England. *Holman Illustrated Bible Dictionary*. Nashville, TN: Holman Bible Publishers, 1998.

- Duvall, J. Scott, and J. Daniel Hays. *Grasping God's Word: A Hands-on Approach to Reading, Interpreting, and Applying the Bible*, 2nd ed. Grand Rapids: Zondervan, 2005. 스코트 듀발과 다니엘 헤이즈, 《성경 해석》(성서유니온).

- Fee, Gordon D. and Douglas Stuart. *How to Read the Bible for All Its Worth*, 3rd ed. Grand Rapids: Zondervan, 1993.

- _____ . *How to Read the Bible Book by Book: A Guided Tour*. Grand Rapids, MI: Zondervan, 2002. 고든 D. 피, 더글라스 스튜어트,《성경을 어떻게 읽을 것인가》(성서유니온)

- Hendricks, Howard G., and William D. Hendricks. *Living by the Book*. Chicago: Moody Press, 1991. 하워드 헨드릭스,《삶을 변화시키는 성경 연구》(디모데).

- Klein, William W., Craig Blomberg, and Robert L. Hubbard. *Introduction to Biblical Interpretation*. Dallas: Word, 1993. 윌리엄 클라인,《성경해석학 총론》(생명의말씀사)

- Kuhatschek, Jack. *Taking the Guesswork Out of Applying the Bible*. Downers Grove: InterVarsity Press, 1990.

- Stein, Robert, H. *A Basic Guide to interpreting the Bible: Playing by the Rules*. Grand Rapids, MI: Baker, 1994. 로버트 H. 스타인,《성경 해석학》 (CLC).

- Mickelsen, A. Merkeley. *Interpreting the Bible*. Grand Rapids, MI: Eerdmans Publishing, 1972.

- Mounce, William D. *Mounce's Complete Expository Dictionary of Old and New Testament Words*. Grand Rapids: Zondervan, 2006.

- Strong, James. *The New Strong's Exhaustive Concordance*. Nashville, TN: Thomas Nelson, 1990.

- Zodhiates, Spiros. *The Complete Word Study Dictionary: Old Testament*. Chattanooga, TN: AMG Publishers, 1993.

- _____ . *The Complete Word Study Dictionary: New Testament*.

Chattanooga, TN: AMG Publishers, 1992.

웹사이트

www. blueletterbible. org

www. bible. org

www. navpress/landing/discipleship/aspx

www. preceptaustin. org

부록11
비신자를 위해
기도하는 법

첫째, 그들이 하나님을 알려고 애쓰게 해 달라고 기도하라. 하나님은 그들의 인생을 위해 좋은 계획을 갖고 계신다. 하나님의 계획은 "평안이요 재앙이 아니니라. 너희에게 미래와 희망을 주는 것이니라"(렘 29:11). 하나님은 그분을 전심으로 찾는 자들에게 그분과 그분의 계획을 드러내겠다고 약속하셨다.

"이는 사람으로 혹 하나님을 더듬어 찾아 발견하게 하려 하심이로되 그는 우리 각 사람에게서 멀리 계시지 아니하도다"(행 17:27).

"그러나 네가 거기서 네 하나님 여호와를 찾게 되리니 만일 마음을 다하고 뜻을 다하여 그를 찾으면 만나리라"(신 4:29).

둘째, 그들이 성경을 믿게 해 달라고 기도하라. 비신자는 복음을 저절로 이해할 수 없다. 따라서 성령이 그들에게 하나님 말씀의 진리를 이해시켜 믿을 수 있게 해 달라고 기도해야 한다.

"십자가의 도가 멸망하는 자들에게는 미련한 것이요 구원을 받는 우리에게는 하나님의 능력이라"(고전 1:18).

셋째, 하나님이 그들을 그리스도께로 이끌어 주시길 기도하라. 우리가 그들에게 복음의 메시지를 전해 하나님께로 나아가도록 돕는 도구이기는 하지만 그들을 회개시키고 회심시키는 분은 어디까지나 하나님이시라는 사실을 늘 기억해야만 한다. 하나님이 먼저 이끌어 주시지 않으면 누구도 그리스도를 영접할 수 없다. 따라서 하나님이 그들을 그리스도께로 이끌어 주시길 기도하자.

"나를 보내신 아버지께서 이끌지 아니하시면 아무도 내게 올 수 없으니 오는 그를 내가 마지막 날에 다시 살리리라"(요 6:44).

넷째, 성령이 그들 속에서 역사하여 죄에서 돌아서서 그리스도를 주로 따르게 해 달라고 기도하라. 하나님이 그들의 삶에서 역사하시도록 맡길 수 있어야 한다(눅 15:17-18). 마음을 독하게 먹고서, 그들이 하나님을 찾을 수밖에 없는 상황에 처하게 해 달라고 기도할 수 있어야 한다(잠 20:30).

"그가 와서 죄에 대하여 의에 대하여 심판에 대하여 세상을 책망하시리라 … 그러나 진리의 성령이 오시면 그가 너희를 모든 진리 가운데로 인도하시리니 그가 스스로 말하지 않고 오직 들은 것을 말하며 장래 일을 너희에게 알리시리라"(요 16:8, 13).

"그러므로 너희가 회개하고 돌이켜 너희 죄 없이 함을 받으라"(행 3:19).

다섯째, 그들을 그리스도께 인도할 사람을 보내 달라고 기도하라. 그 사람은 바로 당신일 수도 있다. 그들에게 그리스도를 전할 담대함을 달라고 기도하라. 정말로 하나님의 명령에 순종하겠다는 마음으로 이 기도를 드리라(롬 10:14-15).

"이에 제자들에게 이르시되 추수할 것은 많되 일꾼이 적으니 그러므로 추수하는 주인에게 청하여 추수할 일꾼들을 보내 주소서 하라 하시니라"(마 9:37-38).

여섯째, 그들이 그리스도를 믿고 그분을 구주이자 주님으로 고백하게 해 달라고 기도하라. 그들이 그리스도를 구주로 영접하는 것이 그분을 삶의 주인으로 삼는 것이기도 하다는 점을 이해해야만 한다. 그들이 그리스도를 영접하는 것을 가볍게 받아들이지 않게 해 달라고 기도하라. 그리고 그들이 하나님의 사랑이 얼마나 큰지를 알게 해 달라고 기도하라. 사랑 많으신 아버지 하나님은 더 좋은 것을 예비해놓지도 않고서 뭔가를 포기하라고 요구하시는 법이 절대 없다.

"영접하는 자 곧 그 이름을 믿는 자들에게는 하나님의 자녀가 되는 권세를 주셨으니"(요 1:12).

"네가 만일 네 입으로 예수를 주로 시인하며 또 하나님께서 그를 죽은 자 가운데서 살리신 것을 네 마음에 믿으면 구원을 받으리라 사람이 마음으로 믿어 의에 이르고 입으로 시인하여 구원에 이르느니라"(롬 10:9-10).

참고문헌

- Absalom, Alex and Greg Nettle. *Disciples Who Make Disciples*. Exponential Resources, 2012 [e-book].

- Adam, Peter. *Speaking God's Words: A Practical Theology of Preaching*. Leicester: InterVarsity Press, 1996.

- Arthur, Kay. *How to Study Your Bible: The Lasting Rewards of the Inductive Approach*. Eugene, OR: Harvest House Publishers, 1992. 케이 아더, 《귀 납적 성경연구 방법》(프리셉트).

- Barclay, William. *New Testament Words*. Louisville, KY: Westminster John Knox Press, 1974.

- Bonhoeffer, Dietrich. *The Cost of Discipleship*. New York: Touchstone, 1937; 1995. 디트리히 본회퍼, 《나를 따르라》(복있는사람).

- Breen, Mike and Steve Cockram. *Building a Discipling Culture*. Grand Rapids, MI: Zondervan Publishing House, 2009.

- _____ . *The Great Disappearance: Why the Word "Disciple" Disappears After Acts 21 and Why It Matters For Us Today*. Exponential Resources, 2013 [e-book].

- Bridges, Jerry. *Holiness: Day by Day*. Colorado Springs, CO; Navpress; 2008.

- Bright, Bill. *Witnessing Without Fear: How to Share Your Faith With*

Confidence. Here's Life Publishers, Inc., 1987. 빌 브라이트, 《담대히 전하라》(순출판사)

- Browning, Dave. *Deliberate Simplicity*. Grand Rapids, MI: Zondervan, 2009. 데이브 브라우닝, 《작은 교회가 아름답다》(옥당).

- Carraway, Bray. "Another Article on Finding the Will of God" Christianmagazine.org [Internet] http://sites.silaspartners.com/cc/article/0,,PTID42281_CHID787734_CIID216259000.html. Accessed 2012년 10월 19일에 확인.

- Christenson, Larry. *The Christian Family*. Minneapolis: Bethany House, 1970. 래리 크리스텐슨, 《그리스도인 가정의 신비》(미션월드라이브러리).

- Christianity Today, "Willow Creek Repent?" http://blog.christianitytoday.com/outofur/archives/2007/10/willow_creek_re.html [online] (2007년 10월), 2013년 3월 29일에 확인.

- Coleman, Robert E. *Master Plan of Evangelism*. Grand Rapids, MI: Baker, 1963. 로버트 콜먼, 《주님의 전도 계획》(생명의말씀사)

- Cousins, Don and Judson Poling. *Discovering the Church: Becoming Part of God's New Community*. Grand Rapids, MI: Zondervan, 1992.

- Dever, Mark. *The Gospel and Personal Evangelism*. Wheaton, IL: Crossway Books, 2007. 마크 데버, 《복음과 개인전도》(부흥과개혁사).

- Dodson, Jonathan K. *Gospel Centered Discipleship*. Wheaton, IL: Crossway, 2012.

- Duvall, J. Scott and J. Daniel Hays. *Grasping God's Word: A Hands-On Approach to Reading, Interpreting, and Applying the Bible*. Grand Rapids, MI:

Zondervan, 2005. 스코트 듀발과 다니엘 헤이즈, 《성경 해석》(성서유니온).

- _____ . *Journey into God's Word: Your Guide to Understanding and Applying the Bible.* Grand Rapids, MI: Zondervan, 2008.

- Edwards, David L. and John Stott. *Evangelical Essentials: A Liberal-Evangelical Dialogue.* London: Hodder & Stoughton Religious, 1988. 데이비드 에드워즈, 존 스토트, 《복음주의가 자유주의에 답하다》(포이에마).

- Foer, Joshua. *Moonwalking with Einstein: The Art and Science of Remembering Everything.* London: Penguin Books, 2011. 조슈아 포어, 《1년 만에 기억력 천재가 된 남자》(갤리온).

- Forgetting Curve, http://www.festo-didactic.co.uk/gb-en/news/forgetting-curve-its-up-to-you.htm?fbid=Z2IuZW4uNTUwLjE3LjE2LjE2LjE2Lj2LjM0Mzc. [Internet] 2013년 3월에 확인.

- Fukuda, Mitsuo. *Upward, Outward, Inward: Passing on the Baton of Discipleship.* Gloucester, UK: Wide Margin Books, 2010.

- Gladwell, Malcolm. *Tipping Point.* Boston: MA: Little Brown & Co., 2002. 맬컴 글래드웰, 《티핑포인트》(21세기북스).

- Graham, Billy. *The Holy Spirit.* Waco, TX: Word, 1978.

- Grudem, Wayne A. *Systematic Theology: An Introduction to Biblical Doctrine.* Leicester, England; Grand Rapids, MI: Inter-Varsity Press, 2004. 웨인 그루뎀, 《조직신학》(은성)

- Hendricks, Howard and William Hendricks. *As Iron Sharpens Iron.* Chicago:

Moody Press, 1995. 하워드 핸드릭스 & 윌리엄 핸드릭스,《철이 철을 날카롭게 하는 것같이》(요단출판사).

- Hill, Napoleon. *Think and Grow Rich*. Minneapolis, MN: Filiquarian Publishing, 1937. 나폴레온 힌, 《부와 성공이 열쇠》(키출파사).

- Horbiak, Joan. *50 Ways to Lose Ten Pounds*. Lincolnwood, IL: Publications International, 1995.

- Hull, Bill. *Disciplemaking Pastor: Leading Others on the Journey of Faith*. Ada: MI: Baker Books, 2007.

- Jeremiah, David. "Testimonial Evidence" One Place http://www.oneplace. com/ministries/turning-point/read/articles/testimonial-evidence-13880. html. [Internet] 2012년 10월 29일에 확인.

- Kennedy, D. James. Evangelism Explosion, http://evangelismexplosion.org. [Internet] 2013년 5월 13일에 확인.

- Kimbro, Dennis. What Makes the Great Great. New York, NY: Random House, 2011.

- Klein, William W., Craig L. Blomberg, and Robert I. Hubbard Jr. *Introduction to Biblical Interpretation*. Nashville, TN: Thomas Nelson, 2004. 윌리엄 클라인, 《성경해석학총론》(생명의말씀사)

- Lewis, C. S. *Mere Christianity*. San Francisco, CA: Harper San Francisco, 2009. C. S. 루이스, 《순전한 기독교》(홍성사).

- Luter, Jr., Boyd. "Discipleship and the Church," *Bibliotheca Sacra Volume 137* (1980).

- Malphurs, Aubrey. *Strategic Disciple Making: A Practical Tool for Successful*

Ministry. Grand Rapids, MI: Baker Books, 2009.

• Mandryk, Jason. *Operation World: The Definitive Prayer Guide to Every Nation.* Downers Grove, IL: IVP Books, 2012. 제이슨 맨드릭, 《세계 기도 정보》(죠이선교회).

• Murrell, Steve. *WikiChurch: Making Discipleship Engaging, Empowering, and Viral.* Lake Mary, FL: Charisma House Book Group, 2011.

• "Nupedia," http://en.wikipedia.org/wiki/Nupedia. 2012년 9월 20일에 확인.

• Ogden, Greg. *Discipleship Essentials: A Guide to Building Your Life in Christ.* Downers Grove: IL: InterVarsity Press Books, 2007. 그레그 옥던, 《제자도의 핵심》(낮은울타리).

• Olson, David T. "29Interesting Facts about the America Church" http://www.theamericanchurch.org [online] (2006), 2013년 5월 25일에 확인.

• Ortberg, John. *The Life You've Always Wanted: Spiritual Disciplines for Ordinary People.* Grand Rapids, MI: Zondervan, 1997, 2002, Kindle Electronic Edition. 존 오트버그, 《평범 이상의 삶》(사랑플러스).

• Osborne, Larry. *Sticky Church.* Grand Rapids, MI: Zondervan, 2008.

• Peterson, Eugene. *Traveling Light.* Downers Grove, IL: InterVarsity Press 1982. 유진 피터슨, 《자유》(IVP).

• Phillips, J.B. *Phillips New Testament in Modern English.* New York, NY: Touchstone Books, 1958; 1996. J. B. 필립스, 《예수에서 예수까지》(숨숨).

• Pryor, Dwight. "Walk After Me" The Center for Judaic Christian Studies. [Internet] http://www.jcstudies.com. 2012년 10월 15일에 확인.

- Rainer, Thom S. and Jess S. Rainer, *The Millennials*. Nashville, TN: B & H Books, 2010.

- Rosenberg, Joel C. and T. E. Koshy. *The Invested Life*. Carol Stream, IL: Tyndale House Publishers, 2012.

- Spurgeon, Charles H. Spurgeon's Sermons: Volume 28, [Electronic ed.] Albany, OR: Ages Software, 1998.

- Stratton, George M. "The Mnemonic Feat of the 'Shass Pollak,'" Psychological Review vol. 24 (1917년 5월).

- Tozer, A. W. *Man, The Dwelling Place of God*. Milton Keynes, UK: Lightning Source Inc., 2008. A. W. 토저,《임재 체험》(규장).

- Veerman, Dave. *How to Apply the Bible*. Wheaton: Tyndale, 1993. 데이브 비어만, 《성경을 삶에 적용하는 방법》(동서남북).

- Watson, David. *Called and Committed*. Wheaton, IL: Harold Shaw, 1982.

- *What the Bible Says to the Believer*. Chattanooga, TN: LMW Resources, 2012.

- Whitney, Donald. *Spiritual Disciplines for the Christian Life*. Colorado Springs, CO: NavPress, 1991. 도널드 휘트니,《영적 훈련》(네비게이토).

- Wiersbe, Warren W. *The 5 Secrets of Living*. Wheaton, IL: Tyndale House, 1977.

- Willard, Dallas. *The Great Omission*. San Francisco, CA: HarperCollins Publications, 2006. 달라스 윌라드, 《잊혀진 제자도》(복있는사람).

- Wuest, Kenneth S. *Wuest's Word Studies from the Greek New Testament*, Vol. 2. Grand Rapids: Eerdmans, 1947.

주

프롤로그

1. "Forgetting Curve" http://www.festo-didactic.co.uk/gb-en/news/forgetting-curve-its-up-to-you.htm?fbid=Z2IuZW4uNTUwLjE3LjE2LjM0Mzc. [Internet] (2013년 3월 12일에 확인).

2. C. S. Lewis, *Mere Christianity* (San Francisco, CA: Harper SanFrancisco, 2000), 71-2. C. S. 루이스, 《순전한 기독교》(홍성사).

3. Richard Mobbs, "Confucius and Podcasting" The University of Leicester, http://www.le.ac.uk/ebulletin-archive/ebulletin/features/2000-2009/2006/05/nparticle.2006-05-19.html [Internet] (2013년 7월 20일에 확인).

--- PART 1

Chapter 1

1. David T. Olson, "29 Interesting Facts about the America Church" http://www.theamericanchurch.org [Internet] 2006, (2013년 3월 25일에 확인).

2. Aubrey Malphurs, *Strategic Disciple Making: A Practical Tool for Successful Ministry* (Grand Rapids, MI: Baker Books, 2009), 25.

3. Christianity Today, "Willow Creek Repent?" http://blog.christianitytoday.com/outofur/archives/2007/10/willow_creek_re.html [Internet] 2007년 10월, (2013년 3월 29일에 확인).

4. 상동

5. Jason Mandryk, *Operation World: The Definitive Prayer Guide to Every Nation* (Downers Grove, IL: IVP Books, 2012), 17. 제이슨 맨드릭, 《세계 기도 정보》(죠이선교회).

6. Alex Absalom and Greg Nettle, Disciples Who Make Disciples (Exponential Resources, 2012), Kindle Electronic Edition: Location 104.

7. 이 표는 Greg Ogden, *Discipleship Essentials: A Guide to Building Your Life in Christ* (Downers Grove: IL: InterVarsity Press Books, 2007), 12에서 가져와 수정함.

8. Mitsuo Fukuda, *Upward, Outward, Inward: Passing on the Baton of Discipleship* (Gloucester,

UK: Wide Margin Books, 2010), 100.

--- PART 2

Chapter 2

1. Jonathan K. Dodson, *Gospel Centered Discipleship* (Wheaton, IL: Crossway, 2012), Kindle Electronic Edition: Location 394-480.
2. Bill Hull, *Disciplemaking Pastor: Leading Others on the Journey of Faith* (Ada: MI: Baker Books, 2007), 54.
3. 상동.
4. Boyd Luter, Jr. "Discipleship and the Church," *Bibliotheca Sacra Volume 137* (1980), 272.
5. Mike Breen and Steve Cockram, *Building a Discipling Culture* (Grand Rapids, MI: Zondervan Publishing House, 2009), Kindle Electronic Edition: Location 100-101.
6. 유진 피터슨은 예수님이 이 땅에서의 시간 중 10분의 9를 열두 제자에게 투자하셨다고 추정했다. (Eugene Peterson, *Traveling Light* (Downers Grove, IL: InterVarsity Press 1982), 182를 보시오.) 유진 피터슨, 《자유》(IVP)
7. Hull, 169.
8. Mike Breen, *The Great Disappearance: Why the Word "Disciple" Disappears After Acts 21 and Why It Matters For Us Today* (Exponential Resources, 2013), Kindle Electronic Edition: Location 261-264.
9. Billy Graham, *The Holy Spirit* (Waco, TX: Word, 1978), 147.
10. 에이버리 윌리스, 2009년 3월 17일 월요일 오후 4시 14분에 받은 이메일. 그는 계속해서 이렇게 말했다. "설교를 반대하는 건 아닙니다. 저도 항상 설교를 하는 걸요. 신학박사 코스를 밟을 때 제 부전공이 설교학이었습니다. 하지만 예수님은 열두 명을 선택하여 함께 살고 진리를 설명하고 임무를 주고 사후에 보고를 들으셨죠. 그들을 자신을 닮게 빚어가기 위해서 말입니다. 물론 예수님의 설교가 진리를 전하는 데 도움이 되었죠. 하지만 예수님의 설교는 언제나 '제자훈련'으로까지 이어졌습니다."
11. Peter Adam, *Speaking God's Words: A Practical Theology of Preaching* (Leicester: InterVarsity Press, 1996), 59.
12. Steve Murrell, *WikiChurch: Making Discipleship Engaging, Empowering, and Viral* (Lake Mary, FL: Charisma House Book Group, 2011), 132-36.

13. Larry Osborne, *Sticky Church* (Grand Rapids, MI: Zondervan, 2008), 49.

14. Murrell, 134-35.

15. Dietrich Bonheoffer, *The Cost of Discipleship* (New York: Touchstone, 1937; 1995), 59. 디트리히 본회퍼, 《나를 따르라》(복있는사람).

16. Howard Hendricks and William Hendricks, *As Iron Sharpens Iron* (Chicago: Moody Press, 1995), 78. 하워드 핸드릭스 & 윌리엄 핸드릭스, 《철이 철을 날카롭게 하는 것같이》(요단출판사)

17. David Watson, *Called and Committed* (Wheaton, IL: Harold Shaw, 1982), 53.

Chapter 3

1. "Nupedia," http://en.wikipedia.org/wiki/Nupedia (2012년 9월 20일에 확인). 이것이 머렐 책의 전제다.

2. Murrell, 5.

3. 계속해서 빌 헐은 실제로 다른 학생이 기말고사를 대신 처러 줄 수는 없다고 설명했다(학교에서 승인하지 않기 때문). 그는 단지 제자화의 목표에 관한 비판적인 사고를 자극하기 위해 이 비유를 사용하였다.

4. Joel C. Rosenberg and T. E. Koshy, *The Invested Life* (Carol Stream, IL: Tyndale House Publishers, 2012), 35.

5. Malcolm Gladwell, *Tipping Point* (Boston: MA: Little Brown & Co., 2002), 173. 맬컴 글래드웰, 《티핑포인트》(21세기북스).

6. Don Cousins and Judson Poling, *Discovering the Church: Becoming Part of God's New Community* (Grand Rapids, MI: Zondervan, 1992), 50.

7. Jonathan K. Dodson, *Gospel Centered Discipleship* (Wheaton, IL: Crossway, 2012), Kindle Electronic Edition: Location 868-869.

8. 어떤 사본들은 72명이 아닌 70명으로 기록하고 있다(HCSB와 NASB를 보시오).

9. Ogden, 10.

10. 당신이 일대일 제자훈련을 통해 경험한 인생 변화의 순간을 무시할 생각은 추호도 없다. 다만 우리 교회에서 적용해봤을 때는 두 명보다 3-5명의 그룹이 또 다른 제자들의 번식으로 이어지는 경우가 많았다.

11. 오래전 그레그 옥던은 제자화 커리큘럼을 개발했고, 나중에 그것을 바탕으로 목회학 박사 학위 논문 *Discipleship Essentials*(제자화의 필수 요소들)을 썼다. 그는 제자화 그룹의 이상적인 규모를 판단하기 위해 일대일, 세 명, 열 명, 이렇게 세 규모로 이 커리큘럼을 적용했다. 이 연구에서 제자화의 3인조 모델이 나타났다. 이에 관해서 더 자세히 알고 싶다면 그레그 옥던의 *Discipleship Essentials*(제자화의 필수 요소들)을 보라. 이 책에서 옥던은 일대일 모델의 한계를 설명한다.

12. Rosenberg and Koshy, 87-8

Chapter 4

1. Jerry Bridges, *Holiness: Day by Day* (Colorado Springs, CO: Navpress, 2008), 8.

2. William Barclay, *New Testament Words* (Louisville, KY: Westminster John Knox Press, 1974), 107.

3. Kenneth S. Wuest, *Wuest's Word Studies from the Greek New Testament*, vol. 2 (Grand Rapids: Eerdmans, 1947), 213.

4. Donald Whitney, *Spiritual Disciplines for the Christian Life* (Colorado Springs, CO: Navpress, 1997), 24. 도널드 휘트니, 《영적 훈련》(네비게이토).

5. 상동 17-18.

6. J. B. Phillips, *Phillips New Testament in Modern English* (New York, NY: Touchstone Books, 2958; 1996). J. B. 필립스, 《예수에서 예수까지》(숨숨).

7. John Ortberg, *The Life You've Always Wanted: Spiritual Disciplines for Ordinary People* (Grand Rapids, MI: Zondervan, 1997, 2002), Kindle Electronic Edition: Location 766-767. 존 오트버그, 《평범 이상의 삶》(사랑플러스).

— PART 3

Chapter 5

1. 여호수아서는 이스라엘 땅에 세워진 일곱 개의 기념 돌탑을 기록하고 있다. 길갈(수 4:20), 아골(수 7:26), 아이 왕(수 8:28-29), 율법 사본(수 8:30-32), 기브온(수 10:27), 길르앗(수 22:34), 언약의 갱신(수 24:26-27).

2. Larry Christenson, *The Christian Family* (Minneapolis: Bethany House, 1970), 21. 래리 크리스텐슨, 《그리스도인 가정의 신비》(미션월드라이브러리)

3. Charles H. Spurgeon, *Spurgeon's Sermons: Volume 28*, [Electronic ed.] (Albany, OR: Ages Software, 1998).

Chapter 6

1. Kay Arthur, *How to Study Your Bible: The Lasting Rewards of the Inductive Approach* (Eugene, OR: Harvest House Publishers, 1992).

2. J. Scott Duvall and J. Daniel Hays, *Journey into God's Word: Your Guide to Understanding and Applying the Bible* (Grand Rapids, MI: Zondervan, 2005), 119.

3. J. Scott Duvall and J. Daniel Hays, *Grasping God's Word: A Hands-On Approach to Reading, Interpreting, and Applying the Bible* (Grand Rapids, MI: Zondervan, 2005), 19-27. 스코트 듀발과 다니엘 헤이즈, 《성경 해석》(성서유니온).

4. Dave Veerman, *How to Apply the Bible* (Wheaton: Tyndale, 1993), 14. 데이브 비어만, 《성경을 삶에 적용하는 방법》(동서남북).

5. William W. Klein, Craig L. Blomberg, and Robert I. Hubbard Jr., *Introduction to Biblical Interpretation* (Nashville, TN: Thomas Nelson, 2004), 471. 윌리엄 클라인, 《성경해석학총론》(생명의말씀사).

Chapter 7

1. Dallas Willard, *The Great Omission* (San Francisco, CA: HarperCollins Publications, 2006), xi. 달라스 윌라드, 《잊혀진 제자도》(복있는사람).

2. Dwight Pryor, "Walk After Me" The Center for Judaic Christian Studies. [Internet] http://www.jcstudies.com. (2012년 10월 15일 확인).

3. Warren W. Wiersbe, *5 Secrets of Living* (Wheaton, IL: Tyndale House, 1977), 62-79.

4. Dave Browning, *Deliberate Simplicity* (Grand Rapids, MI: Zondervan, 2009), Kindle Electronic Edition: Location 515-18. 데이브 브라우닝, 《작은 교회가 아름답다》(옥당)

5. Bray Carraway, "Another Article on Finding the Will of God" Christianmagazine.org [Internet] http://sites.silaspartners.com/cc/article/0,,PTID42281_CHID787734_CIID2162590,00. (2012년 10월 19일에 확인).

Chapter 8

1. George M. Stratton "The Mnemonic Feat of the 'Shass Pollak,'" Psychological Review vol. 24, (May 1917) 244-47.

2. Joshua Foer, *Moonwalking with Einstein: The Art and Science of Remembering Everything*

(London: Penguin Books, 2011), 109. 조슈아 포어, 《1년 만에 기억력 천재가 된 남자》(갤리온).

3. Whitney, 59.

4. Thomas Watson, *Puritan Sermons*, vol. 2 (Wheaton, IL: Richard Owen Roberts, 1674; 1981), 62.

Chapter 9

1. Twitter, 9:27 AM. (2013년 1월 19일에 확인), @derwinlgray.

2. Robert E. Coleman, *Master Plan of Evangelism* (Grand Rapids, MI: Baker, 1963), 21. 로버트 콜먼 《주님의 전도 계획》(생명의말씀사)

3. Bill Bright, *Witnessing Without Fear: How to Share Your Faith With Confidence* (Here"s Life Publishers, Inc., 1987), 67. 빌 브라이트, 《담대히 전하라》(순출판사)

4. Wayne A. Grudem, *Systematic Theology: An Introduction to Biblical Doctrine* (Leicester, England; Grand Rapids, MI: InterVarsity Press; Zondervan, 2004), 704. 웨인 그루뎀, 《조직신학》(은성)

5. Thom S. Rainer and Jess S. Rainer, *The Millennials* (Nashville, TN: B & H Books, 2010)를 보시오.

6. Ed Stetzer "Preach the Gospel, and Since It"s Necessary, Use Words" http://www.christianitytoday.com/edstetzer/2012/june/preach-gospel-and-since-its-necessary-use-words.html. [Internet] (2013년 7월 2일에 확인).

7. Mark Dever, T*he Gospel and Personal Evangelism* (Wheaton, IL: Crossway Books, 2007), 43. 마크 데버, 《복음과 개인 전도》(부흥과개혁사).

8. A. W. Tozer, Man, *The Dwelling Place of God* (Milton Keynes, UK: Lightning Source Inc. 2008), 11. A. W. 토저, 《임재 체험》(규장).

9. Paul Gilbert, David Jeremiah, "Testimonial Evidence" One Place [Internet] http://www.oneplace.com/ministries/turning-point/read/articles/testimonial-evidence-13880.html [Internet]에 인용 (2012년 10월 29일에 확인).

10. David L. Edwards and John Stott, Evangelical Essentials: A Liberal-Evangelical Dialogue (London: Hodder & Stoughton Religious, 1988), 329. 데이비드 에드워즈와 존 스토트, 《복음주의가 자유주의에 답하다》(포이에마).

Chapter 10

1. Joan Horbiak, *50 Ways to Lose Ten Pounds* (Lincolnwood, IL: Publications International, 1995), 95. 이 말은 오래전부터 사람들을 통해 전해졌다. 2007년 즈음부터 생텍쥐페리가 한 말로 여겨지기

시작했다.

2. Life Journal에 실린 H.E.A.R 노트에서 가져와 수정했다.

에필로그

1. Dennis Kimbro, *What Makes the Great Great* (New York, NY: Random House, 2011), 133.

2. Bill Hull, *What the Bible Says to the Believer* (Chattanooga, TN: Leadership Ministries Worldwide, 2012).

3. Will Allen Dromgoole, "Bridge Builders", Greg Ogden *Discipleship Essentials: A Guide to Building Your Life in Christ* (Downers Grove: IL: InterVarsity Press Books, 1998)에 인용.

부록

1. D. James Kennedy, *Evangelism Explosion*, http://evangelismexplosion.org. [Internet] (2013년 5월 15일에 확인).

2. Napoleon Hill, *Think and Grow Rich* (Minneapolis, MN: Filiquarian Publishing, 1937; 1985), 108. 나폴레온 힐, 《부와 성공의 열쇠》(키출판사).